凡人でも「稼ぐ力」を
最大化できる

努力の数値化

Quantification of effort

アズール株式会社
代表取締役
青笹寛史

KADOKAWA

はじめに
「的外れな努力」はなぜ生まれてしまうのか

頑張っているのに、結果が出ない。

頑張っているのに、認められない。

このような悩みを持つ人は多くいます。


かつての私もそうでした。

今でこそ、動画編集を軸とした事業で年間3億円の利益をあげている私ですが、動画編集の仕事を始めたころは、アルバイトとして、単価1000円の簡単な仕事を任されていました。

私はその仕事を完成させるまでに、1カ月かかっていました。

単価1000円の仕事に1カ月かかるわけですから、月収1000円です。

「簡単な仕事」のはずなのに、なぜそんなにも時間がかかってしまっていたのか。それは、**私が動画編集に凝りすぎていた**からです。

「単価1000円でここまでの動画をつくってくれるのか！」と思わせたい。「すごい動画編集者が現れた」と思わせたい――そのような気持ちから私は、アニメーションに凝り、3Dのグラフィックに凝り……と、とにかく手の込んだ動画に仕上げ、依頼主に提出していたのでした。

しかし依頼主は、私が編集した動画を見て、喜んではくれませんでした。**依頼主が望んでいたのは、あくまでも「単価1000円なりの動画」**でした。最低限の編集で、読みやすいテロップが適度に入れられていればそれでよかったのです。わざわざ難易度の高い技術を駆使して、手の込んだアニメーションを入れる必要などなかったのでした。

私が編集した動画は、私が時間と労力をかけてつくり込んだ部分がきれいにカットされ、シンプルなものに手直しされて、世に出ていきました。

喜んでもらえると思って頑張ったのに……と、悔しくなりました。

駆け出し時代の、苦い思い出です。

「求める結果」に対し、ずれなく努力を重ねる

頑張るのはいいことだ。私たちは子どものころから、そう教わってきました。

確かに、頑張る子は親や先生から褒められ、テストでいい点数を取り、成績も上がっていきました。その意味で子どものころは、「努力が結果につながりやすい時代」だったといえます。

しかし高校を卒業し、大学に入ったり、社会に出たりするようになるころから、「努力が結果につながらない」と思えることが増えてきます。頑張っているはずなのに、陰で「あいつは努力の方向性を間違えている」なんて言われ出すのも、このころからです。

そう、**努力には「正しい方向性」がある**のです。

子どものころは、「努力の方向性」なんて考える必要はありませんでした。「教科

書」という一本道の上を、ただ進むだけでよかったからです。求められていたのは、「どれだけ速く進むか」と「どれだけたくさん進むか」の2点。道を間違えるおそれはありませんから、頑張りがそのまま結果につながりやすかったのは必然といえるでしょう。

ところが、大人になると、一気に世界が開けます。

教科書のような一本道ではなくなり、どの道をどのように歩んでもいい、自由な世界になります。それはつまり、**「どの方向に進むのがいちばんいいのか」を必死に考えなければならない世界に突入した**ということでもあります。

子どものころから、「どれだけ速く進むか」「どれだけたくさん進むか」ばかりを考え、それが努力のすべてだと思い込んできた人は、ここで戸惑ってしまうのです。

大人にとっての努力は、「どれだけ速く進むか」「どれだけたくさん進むか」以上に、**「どの方向に進むか」**が重要になります。

求める結果から45度ずれた方向に歩き出してしまったら、動画編集駆け出しのころの私のように、「努力すればするほど、求める結果からかけ離れていく」という残念なことになります。途中でずれに気づいたとしても、軌道修正には大きな労力を要します。

また、求める結果から90度ずれた方向に猛然と努力を積み重ねてしまったら、気づいたときにはもう、軌道修正すら難しい状況に陥ってしまうでしょう。

一方、求める結果に対して1度のずれもなく、まっすぐに歩き出せたとしたら、努力の量は最少ですみ、求める結果を出すまでにかかる時間も最短ですみます。

本書は、**歩き出す前にまず、正しい「努力の方向」を導き出し、最少の努力で、最短の時間で、求める結果を得るための1冊**となっています。

今まで結果が出なかった人ほど効果は大きい

本書は、全4章で構成されています。

第1章では、「そもそも努力とは何なのか」ということに立ち返りながら、必要な努力とそうでない努力の違いを紐解《ひもと》いていきます。

第2章のテーマは、本書のタイトルでもある「努力の数値化」。求める結果に向かってまっすぐに努力するための考え方をご紹介します。

第3章では、第2章で定めた正しい「努力の方向」へ最速で突き進むための行動サイクルを解説します。

最後の第4章では、モチベーションを失わずに努力し続けるために必要な考え方をお伝えします。

本書を読み終えるころには、あなたは常に「最適な努力の方向性」を見つけ出すことができるようになります。「頑張っているのに、結果が出ない」「頑張っているのに、認められない」といった悩みはもう、なくなるのです。

そして、**今まで結果が出ず、評価されない中でも頑張ってきた人ほど、効果は大きくなります**。日頃の頑張りを正しい方向に、余すところなく発揮できるようになるからです。

本書があなたの人生を変える一助になれば、これに勝る喜びはありません。

凡人でも「稼ぐ力」を最大化できる　努力の数値化　目次

第1章 凡人だから見つけ出せた最強メソッド

第2章

努力を「数値化」する

第3章
「学ぶ→行動する→継続する」のサイクルを回す

第**4**章

努力を継続させ、個の力を高めよ

第1章

凡人だから見つけ出せた最強メソッド

天才の兄と比べてわかった私の凡人気質

中学時代に感じた「自分のスペックは兄とは違う」

「国立大学医学部卒。大学在学中に起業し、初年度から利益3000万円を叩《たた》き出した若手起業家」

——このようなプロフィールで紹介されることの多い私が「努力」を語ったところで、「またまた〜。どうせ、ちょっと頑張っただけで結果が出る天才だったんでしょ？」「もともと凡人とは、頭のつくりが違うんでしょ？」と、冷めた目で見られてしまうかもしれません。

しかしそれは、過大評価です。

私は紛れもなく、凡人です。

天才と凡人の差。それはそのまま、私が人生の中で直面してきた壁そのものでもあります。

私が初めて目の当たりにした天才は、兄です。

私は４人兄弟の三男として育ちました。兄２人に、弟１人。男ばかりの、賑《にぎ》やかな家庭です。

兄２人は、とても優秀でした。

２人とも、１学年が２００人いる近所の公立中学校に通っていましたが、成績は常に学年の１位、２位。悪いときでも、10位以下に落ちることはありませんでした。そして２人とも、国内でも有数の進学校へと入学していきました。

こんなことを言ったら家族に怒られてしまうかもしれませんが、私は、兄２人が家で必死に勉強している姿を見たことがありません。いつも、私と一緒にゲームをしているばかりでした。それなのに、なんとなくテストでは高得点を取り、難関校の受験もなんとなくクリアしていったのです。

もっとも、兄2人が中学校を卒業した当時の私はまだ小学生。兄たちのすごさに気づいてはおらず、「自分も同じように、なんとなく過ごしているだけでテストで高得点を取り、みんながうらやむような難関校に入学できるのだろう」と思い込んでいました。

しかし私の思い込みは、中学入学後初の定期テストで、無残にも打ち砕かれることになります。

学年200人中、私の順位は80位台。兄2人が決して残さなかった、公立中学校のど真ん中の、ど平凡な順位を叩き出してしまったのです。

「自分も、兄たちのように頭がいいんだろう」と考えていた私自身がショックを受けたのはもちろん、両親も、そして「あの青笹家から、ついに三男登場か！」と期待していた先生方もショックを受けていたのを感じました。

「**自分は、優秀な兄たちとは違うんだ**」と思い知り、私の自己肯定感はどんどん下がっていきました。

家庭内で「天才のすごさ」を思い知らされ続ける

兄たちが優秀だったのは、勉強面だけではありません。

2人とも、足がとても速く、常にリレーの選手でした。追いかけっこをしても勝てたためしがありません。最初のうちは「兄のほうが年上なのだから、追いつけないのは当然」と思っていましたが、やがて学校で、同級生同士の徒競走が行われるようになり、自分は同級生の中でも「中の中」くらいの足の速さなのだと自覚します。

勉強面だけならばまだ、「兄たちは、家では勉強していなかっただけで、学校の授業中はものすごく集中していたのかもしれない」と考えることもできます。

しかし、足の速さで差がつくのは、どうにも納得がいきませんでした。

父も同じ。母も同じ。食べてきたものもほぼ同じ。体格もほぼ同じ。外で遊ぶのが好きなのも同じ。そしてもちろん、兄2人は、足が速くなるための特別な訓練を受けていたわけではありません。

それなのに、兄2人は学年でも有数の足の速さであり、私は「中の中」……。理不尽極まりないではありませんか。

私は、心の折り合いをつけるため、「自分は劣っているわけではない。自分は凡人であり、兄2人が天才なだけなのだ」と割り切ることにしました。

ところがほどなく、さらにショックな出来事が巻き起こります。

家で、中学校の理科の問題集を解いていたときのことです。

当時の私は理科が苦手で、学校の授業で出てきた「磁界」という概念がよく理解できていませんでした。当然、問題集を解く手も止まりがちになります。

その姿を脇で見ていた、まだ小学生の弟が、「こんなの簡単じゃん」と、すらすら問題を解き始めたのです。

「お前も天才なのか……!」

私は、兄に対して感じたときよりも大きな絶望感を味わいました。

兄弟みんなが天才なのに、自分だけが凡人である理不尽を呪いました。

しかし今では、この境遇に感謝しています。

この境遇で悩み続けたからこそ、**凡人が天才に勝つ手段である「努力の数値化」という考え方を編み出すことができた**からです。

ただし、私が「努力の数値化」という考え方にたどり着くのは、まだもう少し、先のことになります。

凡人の私が医学部を目指した「本当の動機」

思春期真《ま》っ只中《ただなか》で、兄弟の中でただひとりの凡人だと悟った私は、やがて「親にとっては、自分よりも、ほかの兄弟3人のほうがかわいいのではないか」というひねくれた疑念を抱くようになります。

私の父は自衛隊の医師で、母も自衛隊の病院の看護師でした。そんな両親が、優秀な兄2人を見て「お医者さんになってくれないかな」と考えるのは想像に難くないでしょう。実際、医師への道に興味を示さなかった兄2人に対し、両親はそれとなく、「医学部を受けてみたら？」「興味はないかもしれないけれど、一応、受けるだけでも」と勧めていました。

しかし私には、高校3年生になっても、医学部への進学を勧めるそぶりは見せませんでした。

両親の真意はわかりません。もちろん、兄2人がそれぞれに自分の進みたい道を歩んでいる姿を見て、「ああ、押しつけはよくないな」と思い直し、私にも自由に進路を決めてほしいと考えた結果なのかもしれません。

ただ、「ほかの兄弟3人のほうがかわいいのではないか」なんてひねくれた感情を抱いている最中の自分にとっては、やはり引っ掛かるポイントではありました。

自分も両親からの愛情がほしい。自分にも興味を持ってもらいたい。そんな気持ちが膨らんでいたのかもしれません。

私は高校3年生の秋、両親に、「医学部にいきたい」と宣言しました。

一般的にいえば、高校3年生の秋から急に医学部を目指すのは遅すぎます。というか、ほとんど手遅れです。

でも私の中に、焦りはありませんでした。

そもそもそれまで、一切の受験勉強をしてこなかったからです。

「このままじゃどうせ浪人するんだろうな。勉強を一生懸命頑張るのは、浪人生になってからでいいや。……でも、『浪人生』って響きはかっこ悪いな……でも『医学部を目指しているがゆえの浪人生』って話はよく聞くし、なんならかっこいい。……よし自分も、『医学部を目指しているがゆえの浪人生』になろう」

こんな打算があったのも事実です。

凡人中の凡人であり、高校3年生の秋まで受験勉強ひとつしてこなかった私が、医学部を目指し始めた理由は、ひとつには絞りきれません。

しかし、とにもかくにも、私は医学部を目指して受験勉強に励むことになりました。

その中で私は、「努力の数値化」という最強メソッドの一端を発見することになります。

「努力しているふり」は数字に表れる

「机に向かう時間と勉強時間」はイコールではない

高校を卒業し、晴れて「医学部を目指す浪人生」になりました。

さぁ、そろそろ本気を出すか——とばかりに、私は1日16時間の勉強に励み出します。

予備校で、図書館で、家でひたすら勉強し、「1日16時間の勉強をしている自分」に浸りながら、「これだけ勉強していれば、医学部にもすんなり受かるだろうな」なんて呑気《のんき》に考えていました。

浪人生活が始まって、数日経ったときのことです。

ふと、「**自分は本当に、『1日16時間勉強している』といえるのだろうか**」という疑問が湧き起こってきました。

確かに、勉強の合間の休憩時間や朝食や夕食、入浴の時間は勉強時間の中に入れていませんから、「16時間」という数字は勉強時間の実態に近い数字だといえます。

ただ、よくよく考えたら、昼食の時間を「16時間」の中に入れてしまっていました。それに、ちょっと喉が渇いたときにはコンビニに飲み物を買いにいっています。もちろんトイレにもいきます。たまにはぼーっと、勉強以外のことを考えてしまったりもします。

これらの「休憩と呼ぶほどでもない」休憩時間も、勉強時間のうちに入れてはいけないのではないかと思うようになったのです。

私は、1日の勉強時間を厳密に計ってみようと、ストップウォッチを使ってみました。

たとえば、「10時から11時までは、国語を勉強する」と決めたとします。時計を基準にすれば「1時間勉強している」わけですが、その時間の中でトイレにいったり、ついほかのことを考えていたり、「あ〜疲れた」と伸びをしたりしている時間は、勉強時間とはいえません。そのような時間を排除した、厳密な勉強時間を調べるために、私はストップウォッチで細かく「勉強を始めたらスタート、少しでもほかのことを考えたり、ほかのことをしたりしたときはストップ」を1日中繰り返してみたのです。

結果は衝撃的なものでした。

「16時間勉強している」と思い込んでいた私の、1日の厳密な勉強時間は、わずか8時間にすぎなかったのです。

「努力の濃度」を高めれば、出てくる結果も変わる

「2〜3時間のロスはあったとしても、まぁ13時間くらいは勉強しているだろうな」と考えていた私は、大きなショックを受けました。

そして同時に、危機感を覚えました。

私は凡人です。その上、高校生活の3年間で一切の勉強をしてこなかった、ひどくできの悪い凡人です。

その凡人が一念発起して、「1日16時間も勉強しているのだから、1年あれば、ほかの医学部受験生にも追いつけるだろう」と考えていたのがここ数日でした。

しかし、私の厳密な勉強時間は、8時間。「1日16時間も勉強しているのだから」という自信の前提が、根本から崩れてしまったのです。

厳密な勉強時間を「16時間」に近づけなければ、私は医学部に合格できない。

そう思い、**毎日、ストップウォッチを使いながら勉強し、余計なことをしている時間を少しずつ、削《そ》ぎ落としていきました。**「16時間」の勉強濃度を高めていったのです。

変化はすぐに表れました。

成績はぐんぐんと伸び、浪人生活を始めてから3カ月目の6月にはもう、首都圏の国立大医学部を射程圏に入れられるところまで上り詰めることができたのです。

ただ、ここから、私の中に根付いている「凡人気質」「怠け者気質」が再び顔を出します。

「たった3カ月でここまで上がってこられたのだから、もうそんなに勉強を根詰めなくても大丈夫だろう」と安心しきり、Nintendo Switchのゲーム「スプラトゥーン2」にハマる生活を送り始めてしまったのです。

当然、成績は急下降。視野に入れていたはずの首都圏国立大は遥か彼方に遠ざかり、父親の実家が近いという不思議な縁のある島根大学の医学部になんとか滑り込むことになります。


私のだらしなさゆえ、少々締まらないオチになってしまいましたが、**「自分では16時間勉強していると思っていても、実際には8時間しか勉強していなかったと知った」「実際の勉強時間を16時間に近づけることで、成績がぐんぐん伸びた」**という2つの経験は、私の人生に大きな気づきをもたらしました。

「1日16時間勉強している」と思い込んでいた時期の私は、はっきりいえば「努力しているふりをしているだけ」でした。もちろん自分では、「努力しているふりをしている」なんて自覚はありませんが、実際には8時間しか勉強していないのに「16時間

■「努力の濃度」を高める

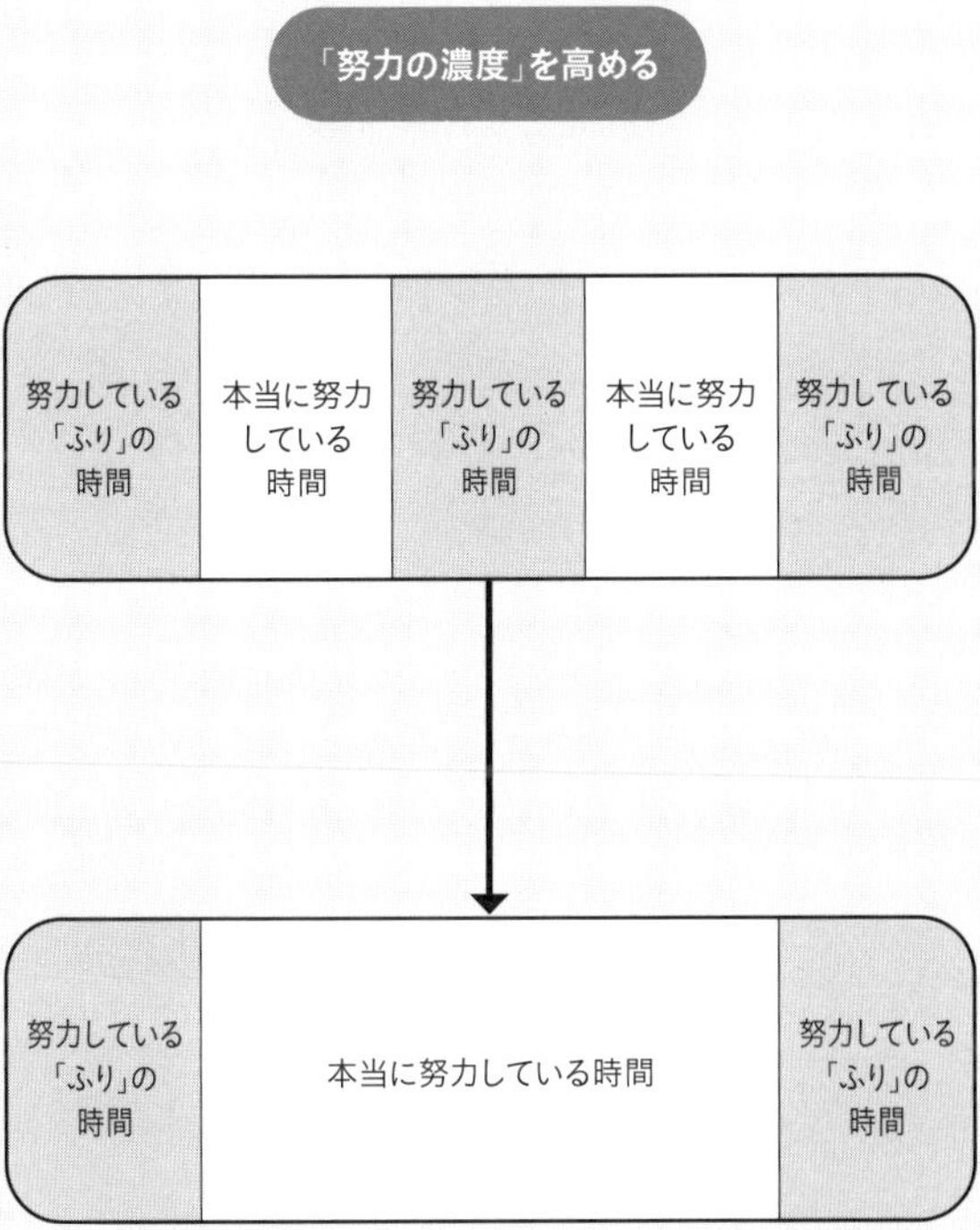

「努力の濃度」を高めれば、
結果的に「本当に努力している時間」が増える。

勉強している」と言っているわけですから、「努力しているふり」以外の何物でもないでしょう。

しかしストップウォッチを活用し、「16時間」の中の勉強濃度、いわば「努力の濃度」を高めたことで、成績はみるみる上がっていきました。

「努力しているふり」を、実際の「努力」へと変えて、医学部入学という「求めた結果」を得た成功体験は、第2章でお伝えする「努力の数値化」という考え方を築く上で、とても大切な源泉となってくれました。

医学部で気づいた「エリートに足りない視点」

「真面目な人」ほど進級テストで苦労する理由

医学部に入学できたことで、兄2人に抱いていた劣等感や愛情コンプレックスは徐々にほぐれていきました。「どうにかこうにか、エリートの下っ端にしがみつけたぞ」という、ある種の達成感も芽生えました。

しかし入学してからしばらく経つと、私は周りの同級生たちに対して、妙な違和感を覚えるようになっていきました。

みんな、**とにかく真面目**なのです。

もちろん、真面目であるのは素晴らしいことです。

ただそれにしても、授業では先生の発言の一語一句をノートにとり、板書もすべてきれいに書き写しています。「授業の内容を一生懸命ノートにとろうがとるまいが、結局はテストでいい点を取れば進級できるし、取れなければ留年するだけなんでしょ」と悟っていた私は、周りの真面目さにドン引きし、周りの同級生たちは、私のだらけっぷりにドン引きしていました。

「授業を真面目に聞いていなければ、テストでいい点も取れないだろ」と感じた人もいるかもしれません。実は、これにはカラクリがあります。

医学部のテストは、ほとんどの科目で「過去問」がストックされています。その過去問は、誰もが自由に閲覧し、コピーできるようになっています。

そして、ここからが重要です。

実際のテストでは、過去数年間に出た問題とほぼ同じか、場合によってはまったく同じ問題が出題されることがほとんどなのです。

テストが過去問から出題されるのなら、過去問を徹底的に勉強し、わからないところは個別に先生に聞けばいい。私はそう考えていましたが、同級生たちは違いました。「まずは授業の内容をすべてノートにとり、教科書の内容もすべて頭に入れた上で、最後の実戦練習として過去問に挑む」という、ある意味オーソドックスなアプローチでテストに臨んでいたのです。

しかしテストの結果は、**私のほうが高得点であることがほとんど**でした。

「なぜあいつは、授業中に楽をしているはずなのに、真面目にやっている人たちよりも高得点を取るのか」と、同級生たちは次第に、私に一目置いてくれるようになりました。

努力の方向性が違えばその勉強に意味はない

授業中も、テスト勉強も、私より同級生のほうが明らかに努力しています。

そして確実に、私より同級生のほうが、高校時代までの成績もよかったはずです。

それなのに、大学のテストでは、私のほうが点数が高い。

その原因はひとえに、**同級生が日々積み重ねている「努力の方向性」が間違っているから**にほかなりません。

テストはほとんど過去問から出題されるとわかり切っているのですから、素直に過去問を「教科書」として勉強すればいいのです。

しかし、私の「素直な」勉強法は、同級生たちにとっては斬新だったようです。

「その発想はなかった」と、みんな口をそろえて言います。

繰り返しますが、テストは過去問から出ることは誰もが知っていて、その過去問は誰もが自由に閲覧し、コピーできる状態になっているのに、です。

今まで自分が決してかなわなかったであろう人たちより、自分のほうが結果を出し始めたことで、私は自分のある能力に自信を深めていきました。

その能力とは、「**努力の方向性を定める能力**」です。

「はじめに」で記したように、大学受験までは、「努力の方向性を定める能力」はさほど必要ではありませんでした。

公教育も充実していますし、塾も予備校も参考書も豊富にあります。「この方向が正しい」という道しるべが明確ですから、その方向へ力任せにグングンと突き進んでいれば、それで結果が出たのです。

ただ、そのやり方では、いずれ壁にぶつかるときがきます。**人生には道しるべなどないから**です。

大学に入り、急に道しるべがなくなった中、同級生たちは「今まではこの道が正しかったから」と、高校までと同じ勉強の仕方をして結果が出ず、私は「どの道が正しいのか」を考えて、道筋を自分で定めてから行動に移したから、結果が出た。テストの点数の差は、たったそれだけの差なのだと私は思います。

今後重要になる「努力の方向性を定める能力」とは

かつての努力と今の時代に求められる努力は違う

かつては、大人になってからも、「努力の方向性」を定める能力がさほど重要ではない時代がありました。

とにかく「つぶれない会社」に就職さえしてしまえば、一生安泰。真面目に毎日会社に通勤するだけで、年々給料が上がり、出世していく。老後も年金が手厚い。「みんなができること」を「みんなより多くやること」が努力であり、やればやるほど評価が上がった――そのような時代が確かにあったのも事実です。

しかし、時代は変わりました。

終身雇用や年金神話は遥か昔に終わりを告げ、今や国が率先して、副業や投資を勧める時代です。

ＡＩ（人工知能）の発達もすさまじいものがあります。これまで人間がやってきた仕事も、どんどんＡＩに任されるようになるでしょう。そのほうがコストもかからず、正確だからです。加えてＡＩは、疲れ知らずです。

誰もができるような仕事を大量にこなして評価される時代は、もう終わってしまいました。そのようなことはもう、努力とは呼ばれなくなってしまったのです。

これからの時代を生きる人に求められるのは、「正しい努力は何なのか」を探し出し、その方向に進み出す力です。

国や会社に依存しきれない社会だからこそ、**正しい努力を積み重ねて「個」の力を磨き、自分ならではの強みを発揮していく必要がある**のです。

組織に所属せずに働く「フリーランス」も増えました。自分ならではの得意分野を武器に収入を得て食べていける時代になったのは、「かつてより自由な時代になった」ということでもあります。

厳しい世の中にはなりましたが、個性は発揮しやすくなりました。だからこそ、自分なりに「どの道が正しいのか」を見つけ出し、正しい努力を積み重ねる重要性が増したともいえます。

世の中の不平等のほとんどは努力で挽回できる

個の力が重視される時代になったとともに、**「個人の努力が正当に評価される時代になった」**と私は考えています。

「親ガチャ」「上司ガチャ」「配属ガチャ」といった言葉が広く使われるようになり、世の中の不平等を嘆いたり、諦めたりする投稿をSNSで見かけることも増えました。しかし私は、そのような投稿を目にするたびに、「もったいないなぁ」という感想を抱きます。

たとえば「顔が悪い」「運動神経がない」「お金がない」「チャンスが回ってこない」といったような、**世の中でよく言われている一般的な不平等は、すべて努力で解決で**

きると考えているからです。

あえて極論を言いますが、「顔が悪い」状況を本気で変えたいのであれば、お金を稼いで整形してしまえばいいのです。努力でなんとかなります。

顔は変えずとも、髪型や服装といったおしゃれを勉強したら、顔の悪さも多少はごまかせるかもしれません。わかっていてその努力をしないのは、不平等でも何でもなく、ただサボっているだけです。

貧乏な家庭に生まれたことで、教育や習い事の選択肢が限定されてしまうのもひとつの事実です。

ただ、世の中には、裕福な家庭に生まれ、恵まれた環境で育ったがために、かえって自身のモチベーションが上がらず、いい大学にいけない人もいます。

一方で、金銭面や教育環境に恵まれないことをバネにして勉強に励み、いい大学にいく人もいます。**ある程度の基礎スペックは、努力で挽回可能**なのです。

「親ガチャ」「上司ガチャ」「配属ガチャ」をはじめとした不平等の要因は、統計的に見れば確かにあるかもしれませんが、個人として見たときには、そのほとんどが「努力次第でひっくり返せる条件」だと、私は考えています。

「ずるい」という言葉は負けた言い訳にすぎない

求められているものは何か？「正攻法」を疑え

もしかしたら、私が大学時代、授業を真面目に受けずに過去問を中心に勉強し、授業を真面目に受けていた人たちよりも高い点数を取っていたことを、「ずるい」と感じる人もいるかもしれません。

実際、大学の同級生の一部からは、「青笹はずるい方法でテスト対策をしている」と陰口を叩かれていたようです。

自分が「正攻法だ」と信じているやり方と違うやり方で高得点を取っている人に対し、「ずるい」と言いたくなる気持ちはわかります。

ただ、思い出していただきたいのは、「テストは過去問から出ることは誰もが知っていて、その過去問は誰もが自由に閲覧し、コピーできる状態になっていた」という事実です。

なにも、私だけが事前にテストの問題を入手していたり、先生にわいろを渡したり、カンニングしたりして点数を稼いだわけではありません。

公式に定められているルールとは別に、「この課題には、こう取り組むべき」という自分の美学を持ち込み、そこから外れている人を「ずるい」と思い込んでしまうと、正しい方向に努力を積み重ねるのは難しくなります。

「与えられた条件」を深掘りして考える癖をつける

45ページの図をご覧ください。

1周200mのトラックにコースが敷かれ、スタート地点とゴール地点が定められています。

このスタート地点に１００ｍ走の猛者《もさ》たちと私が並べられ、「いち早くゴール地点に到達してください」とだけルールが発表され、いきなり「よーい、ドン！」と号砲が鳴ったとします。

１００ｍ走の猛者たちがコースに沿って猛烈なスタートダッシュを決める中、私はコースを走らず、**一目散にトラックの真ん中を突っ切り、ゴールを目指す**でしょう。

「コースを走りなさい」なんてルールはどこにもないからです。

それでも、圧倒的な走力の差があるため、１位になることはできないかもしれませんが、「コースが敷かれているから」「みんながこっちを走るから」とバカ正直にコースを走るよりは確実に、好勝負に持ち込めるはずです。

凡人が天才に勝つには、努力の仕方に工夫が必要なのです。

なにも、天才と同じ競技をする必要はありません。「ずるい」なんて野次に耳を傾ける必要もありません。

「この課題は、そもそも何を求められているのか」「なるほど、スタート地点からい

■ １００m走における青笹的進路

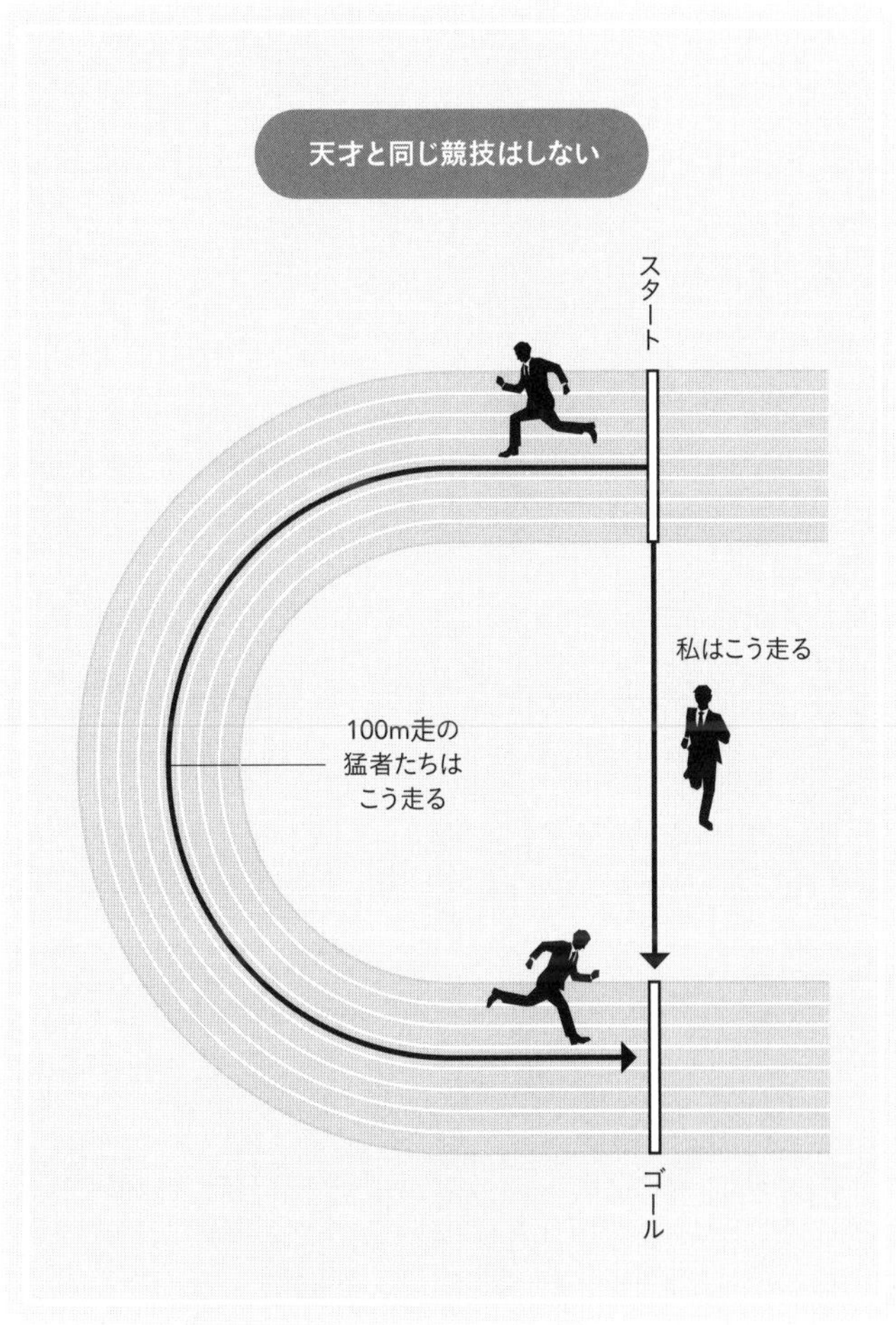
天才と同じ競技はしない
スタート
私はこう走る
100m走の
猛者たちは
こう走る
ゴール

ち早くゴール地点に到達することを求められているんだな」と、与えられた条件を深掘りしてからスタートすると、圧倒的な走力の差をカバーすることができます。

「努力の方向性を定める」とは、こういうことなのです。

第2章からはいよいよ、求める結果に向かってまっすぐ努力するために必要な考え方である「努力の数値化」を解説していきます。

ただ、「数値化」とはいえ、数字ばかりの話になってしまっても、読んでいて退屈でしょう。なるべく私の実例を交えながら、イメージしやすいように記していきます。

第2章

努力を「数値化」する

努力は「1本の矢印」と「2つの点」で表せる

努力を数値化するとき「量と質」に分けて考える

第1章の中で私は、浪人時代の受験勉強と医学部時代の進級テストで、努力について2つの成功体験を得たことをお話ししました。

成功体験1
浪人時代の受験勉強中、1日の勉強時間の中で「本当に努力している時間」を増やしたことで、成績がぐんぐんと伸びた。

成功体験2
医学部時代の進級テストで、周りの同級生と違い「過去問を中心に勉強する」という勉強法を敢行したことで、本来優秀な同級生よりも高い点数を取ることができた。

この2つの成功体験は、次のように言い換えることができるでしょう。

成功体験1
努力の「量」を増やして結果を出した。

成功体験2
努力の「質」を高めて結果を出した。

そう。努力は「量」と「質」に分けることができるのです。
そして**「量」と「質」のそれぞれを最大化することで、爆発的なパフォーマンスを発揮でき**、驚くほど大きな結果を得ることができるようになります。

第2章では、つかみどころのない「努力」というものを、「量」と「質」に分けて視覚化し、イメージしやすくします。

その上で第3章では、「実際に何をどう努力すればいいのか」を具体的にお話ししていきます。

第2章は理論編、第3章は実践編とお考えください。

「努力の理想型」は矢印で例えるとわかりやすい

私は、「努力」と「結果」は、1本の矢印と2つの点で表せると考えています。

左ページの図をご覧ください。「現状」と「得たい結果」が、1本の矢印で結ばれています。

この矢印が「努力」です。

左ページの図のように、「現状」と「得たい結果」の間に1度のズレもなく、**まっすぐに矢印が引かれている状態が、「結果に向かって最短距離で努力を重ねている状**

■ 理想的な努力のベクトル

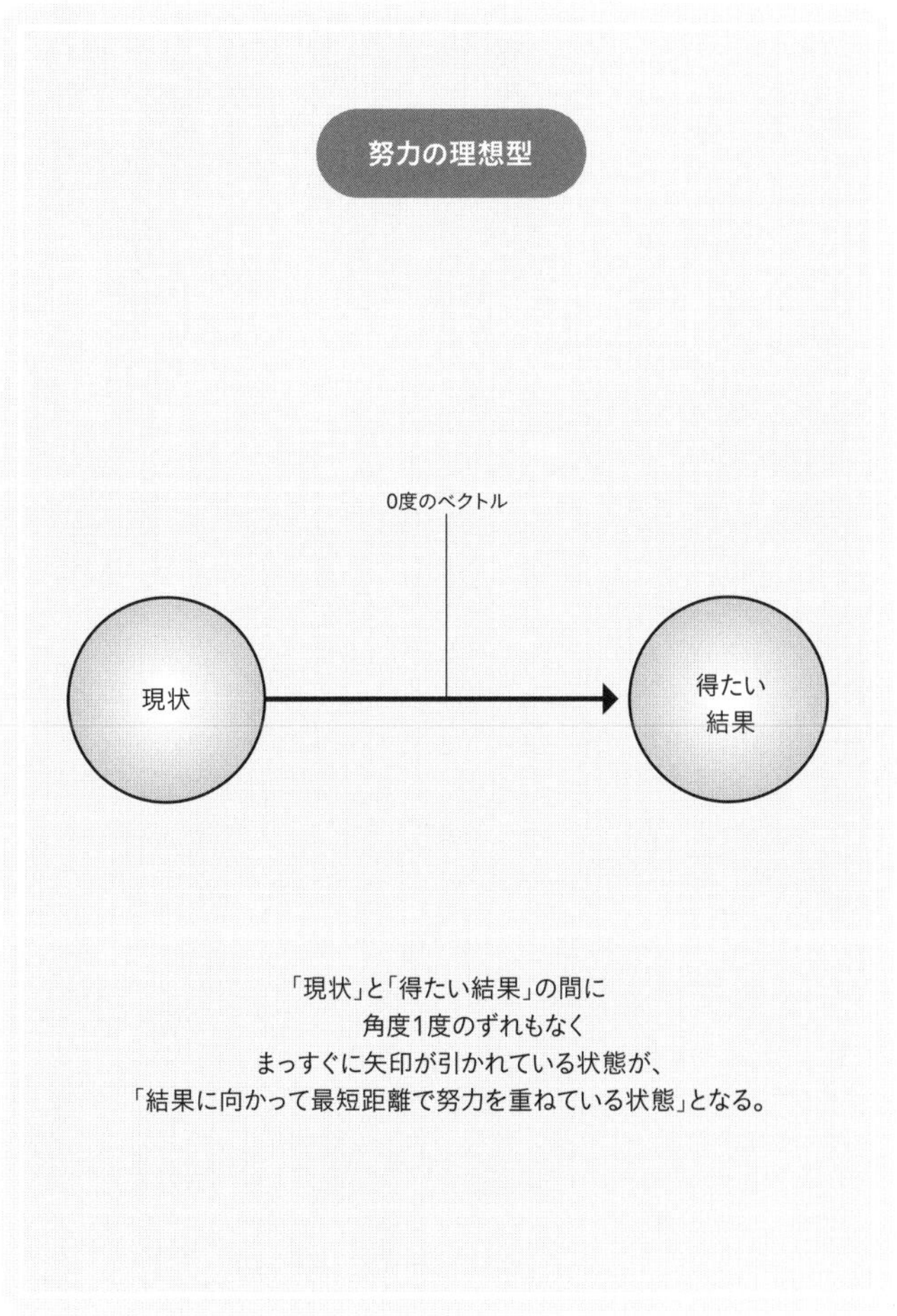
努力の理想型
0度のベクトル
現状
得たい
結果
「現状」と「得たい結果」の間に
角度1度のずれもなく
まっすぐに矢印が引かれている状態が、
「結果に向かって最短距離で努力を重ねている状態」となる。

態」です。矢印の長さは「努力の量」、矢印の角度は「努力の質」を表します。「現状」から「得たい結果」に向かって、0度の角度で一直線に進む51ページの図の形が、努力の理想型であるといえます。

ただ、すべての努力がこのように、得たい結果に向かってまっすぐ積み重ねられるかというと、なかなかそうもいきません。

現実には、左ページ上の図のように、「得たい結果」から45度ずれた方向に突き進んでしまったり、下の図のように、60度ずれた方向に突き進んでしまったりといったことが、よく起きます。

最初から「得たい結果」に向かって0度で進む「努力の理想型」と比べ、いったんずれた方向に突き進んでしまった場合、軌道修正して再び「得たい結果」に向かうには大きな距離ロスが生じます。そしてその距離ロスは、ずれた角度が大きければ大きいほど、大きくなってしまいます。

つまり、**努力の「量」と「質」では、「質」のほうが「量」よりも重要であるということです。**

■ 45度ずれた方向に進んでから軌道修正

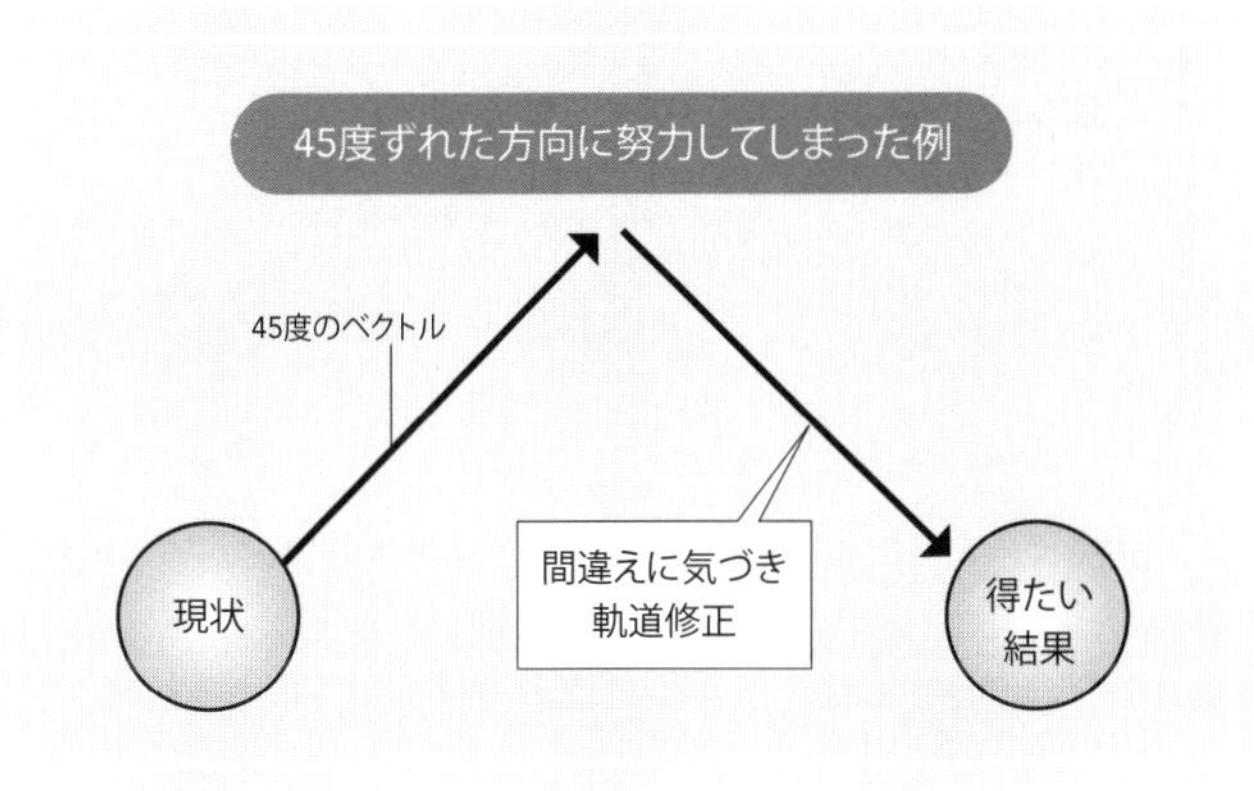

■ 60度ずれた方向に進んでから軌道修正

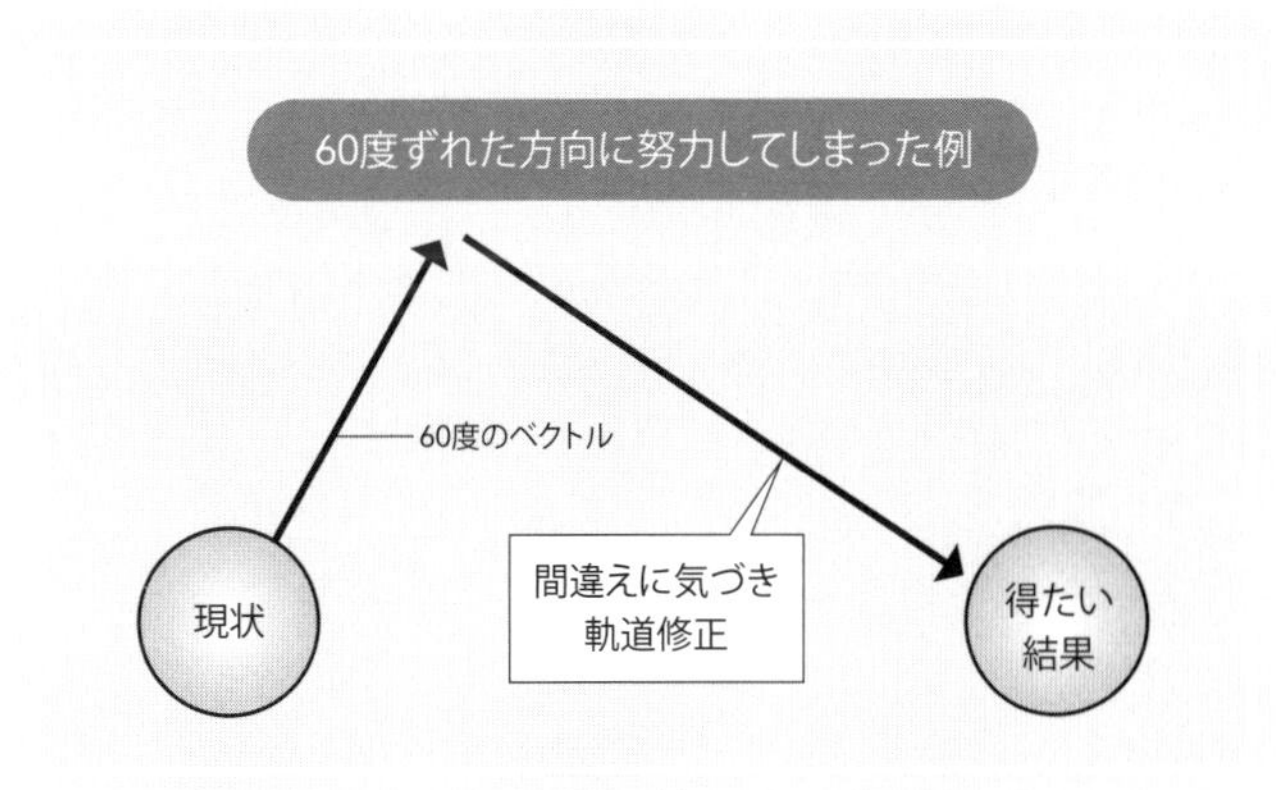

マイナス方向に努力したらすべてが無駄になる

「努力の方向を間違えて突き進んでしまったら、その分をカバーするためにまた頑張ればいい。距離ロスもいつか自分の糧となる」と考えるパワフルな方もいるでしょう。

しかし頭に入れておいていただきたいのは、左ページの図のように、**積み重ねた努力が「得たい結果」とは正反対の、マイナス方向に向かってしまうこともある**という点です。

こうなると「努力すればするほど、得たい結果から遠ざかる」「何もしないほうがマシだった」「原点に戻るまでにリカバリーが必要」という、とても悲惨な状況となります。

「そんなこと、あるわけないだろう」と思うかもしれませんが、あるのです。

私の恥ずかしい実体験からお話ししましょう。

■ **マイナス方向に努力してしまってから軌道修正**

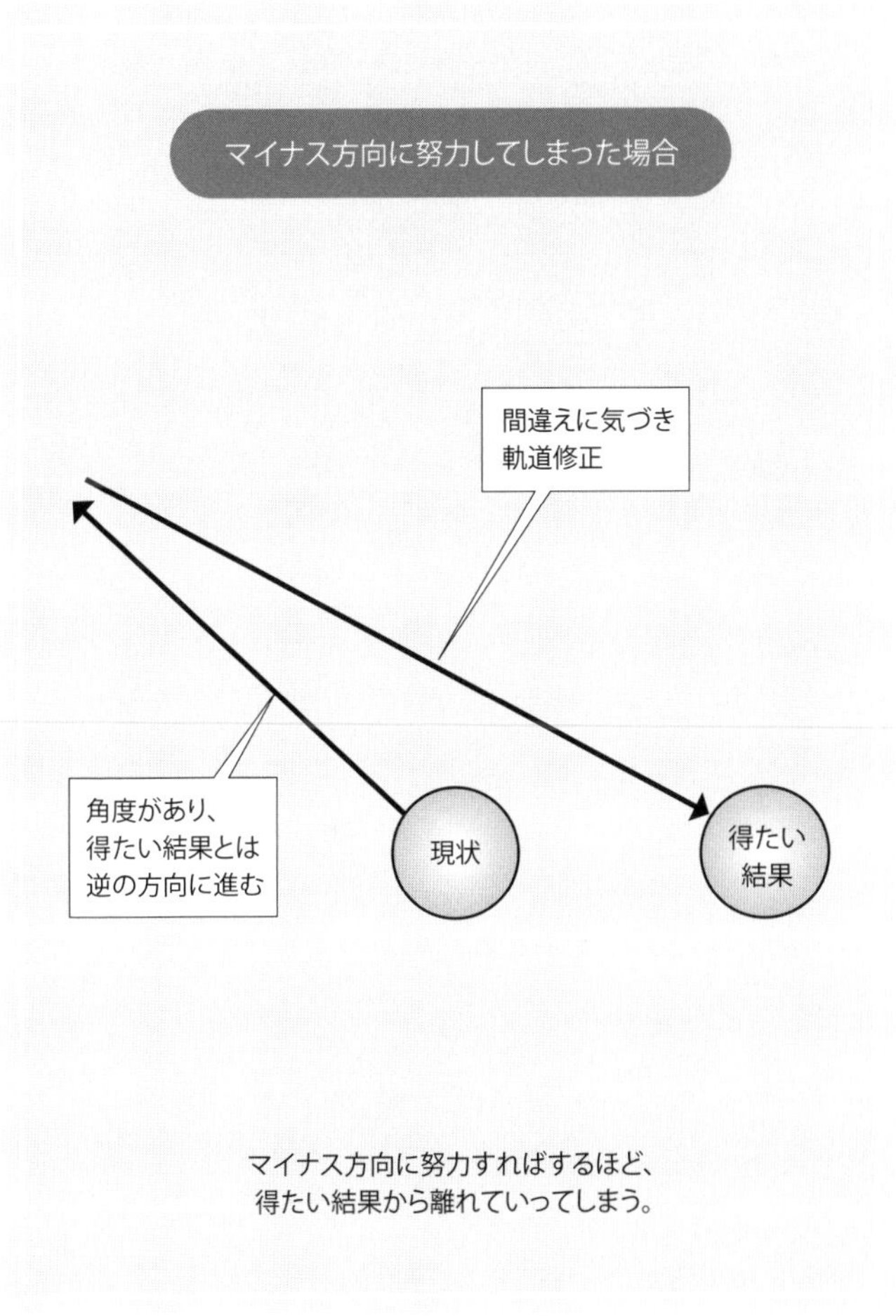
マイナス方向に努力してしまった場合
間違えに気づき
軌道修正
角度があり、
得たい結果とは
逆の方向に進む
現状
得たい
結果
マイナス方向に努力すればするほど、
得たい結果から離れていってしまう。

私が興したカーシェアリングサービスの失敗例

大学の医学部時代のことです。

「過去問を攻略する」という独特のテスト勉強法と実際に叩き出している点数で、同級生から一目置かれるようになった私ですが、一部からはまだ「青笹はずるい」なんて言われて評価されていないことに、なんとも言えない居心地の悪さを覚えていました。

学内のみんなから評価されるにはどうしたらいいか。自分なりに考えて導き出した答えは、「学内で流行《はや》るサービスをつくる」ことです。

「青笹のおかげで、大学生活がこんなに便利になった」と感じてもらえるようなサービスをつくれば、みんなから評価されるだろう。私はこう考えたのです。

目をつけたのは、今ではありふれたサービスであるものの、当時アメリカで流行り始めていたシェアリングエコノミーです。

大学があった島根県は車社会であり、大学の仲間で飲みにいくにも、電車や徒歩ではなく、飲み会の参加者のうち誰かが車出しをして代行サービスを頼むのが主流でした。そのため、「車出し係の都合がつかないために、飲み会が開けない」なんてことも頻繁に起きていました。島根県にはまだ、カーシェアリングの文化がなかったのです。

この状況下で、「今日、車を貸してくれる人」をマッチングするサービスをつくれば、「車出し係の都合がつかないために、飲み会が開けない」ことはなくなりますし、新たな交流も生まれるはずです。

私はそう考え、大学付近の「カーシェアリングサービス」をつくることを決意したのでした。

「LINEのチャットボットでつくればいけるな」という漠然としたイメージはありましたが、私はエンジニアではありませんから、実際の開発はできません。そしてもちろん、お金もありません。

そこで私は、投資家巡りをし、事業を説明して投資を募りました。

名古屋に住む投資家から、「２００万円を投資しよう」というお話を引き出すことができました。

ＬＩＮＥのチャットボットは百数十万円で開発できる算段は立っていましたから、原資としては十分です。

私は有頂天になり、必要な仕事をどんどん外注しながら、「実はこんなサービスを考えてさー」「名古屋の投資家が乗ってくれたんだよー」と、大学の友だちに自慢しまくっていました。友だちもみんな、「すごいねー」と私を褒《ほ》め称《たた》えてくれました。そのたびに、私の自尊心は満たされていきました。

しかし、案の定です。

名古屋の投資家からの入金は、実行されませんでした。「やっぱりあの話はなしで」の一言で終わりです。

「やっぱりあの話はなしで」と言われたところで、こちらはすでに、１６０万円ほどの発注をしてしまっています。しかし契約書も何も交わしていなかったので、私は泣き寝入りするしかありませんでした。私はあまりにも、世間知らずでした。

私は急に、１６０万円の借金を背負うことになってしまいました。

ならば、このカーシェアリングサービスを成功させ、お金を稼げばいい。

私は思い直し、リリースまでこぎ着けましたが、どんなに告知をしても利用者は「０人」……。私が興した初めての事業は、「滑る」という言葉では収まらないほどの、とてつもない滑り方をしたのでした。

大山鳴動《たいざんめいどう》して、残ったのは１６０万円の借金のみ。友だちからの冷ややかな視線も、以前にも増して突き刺さるようになりました。

まさに「**努力すればするほど、得たい結果から遠ざかる**」「**何もしないほうがマシ**」**の典型的事例**です。


私が本当に努力するべきは、「ＬＩＮＥチャットボットの外注を急ぐこと」ではなく、「投資家から確実に入金してもらえるような手続きを踏むこと」や、「カーシェアリングサービスが当たるのかどうか、マーケティング的な視点から考え抜くこと」でした。「何を頑張るべきか」を履き違えると、とてつもないマイナスを被ることになるのです。

正しい努力をするために意識すべき2つのこと

目標から大きくずれた余計な努力を重ねてしまったり、マイナス方向にずれた無駄な努力を重ねてしまったり……といった悲劇を生まないためには、**動き出す前にまず、51ページの図にあげた「努力の理想型」をイメージする必要があります。**

意識すべきは、次の2点です。

1 目標を設定する
2 目標までの矢印を引く

たったこれだけです。「そんなシンプルなことで結果が変わるのか」と思うかもしれませんが、変わります。試しにやってみてください。具体的な努力の積み重ね方は第3章に譲るとして、ここからは、努力の「質」の高め方を考えていくことにします。

■ 正しい努力をするために意識すべきこと

正しい努力をするために意識すべきこと

1. 目標を設定する

自分は今から、何を達成するために努力するのか。
そもそも目標を設定しないと、「目標まで角度0度」の方向がわからない。

2. 目標までの矢印を引く

目標を達成するために、最適な努力とは何なのか。
今から積み重ねようとしている努力は、本当に目標達成に結びつくものなのか。
動き出す前に意識するだけで、無駄な努力のほとんどは防げる。

「努力の質」を高めるために大切な考え方

「初めの一歩」を間違える人は意外と多い

的外れな努力をしているとき、本人はなかなか、自分のしている努力が的外れだとは気づかないものです。

しかし不思議なことに、他人がしている的外れな努力は、結構わかりやすいものです。

あなたの周りに、的外れな努力をしている人はいないでしょうか。

的外れな努力をしてしまう人にありがちなのが、**「初めの一歩目から、すでに的外**

れな方向に進んでしまう」ということです。

進み始める前に、前項であげた、

1　目標を設定する
2　目標までの矢印を引く

というプロセスを踏んでいなかったり、そもそも目標を履き違えていたりするわけですから、仕方ありません。

「目標を履き違える」場合はとても複雑なので次項に譲るとして、ここでは、そもそも「目標を設定する」「目標までの矢印を引く」というプロセスを踏んでいない場合を考えていきます。

「初めの一歩目から、すでに的外れな方向に進んでしまう」とはどういうことか。あえて極端な例をあげます。

たとえば東京本社に勤めている人が、「今から大阪に出張して、商談をまとめてきてください」という指令を上司から受けたとします。
単純明快な指令ですが、その指令を受けた人間の行動は、驚くほどに十人十色です。

・とりあえずコーヒーを飲んで一息つく人
・「大阪に行けって言われちゃってさ〜」と隣の席の人に話しかける人
・一目散に会社を飛び出し、徒歩で西へ向かう人
・東京駅まで来たはいいが、間違って東北新幹線に乗る人
・東海道新幹線に乗ったはいいが、商談に必要な資料をすべて自分のデスクに忘れていく人
・「今から大阪に出張して、商談をまとめてきてください」という指令を聞かなかったことにして、自分のデスクでそれまでの仕事を続ける人

重ね重ね、これは極端な例ですが、現実の仕事では本当に、これくらいの「初めの一歩からずれている」事態は頻繁に巻き起こります。

だからこそ、

1 目標を設定する
2 目標までの矢印を引く

というシンプルなプロセスが、とても大事になってくるのです。

「大阪に行き、しかるべき相手と会って商談をし、話をとりまとめる」というのがこの場合の目標です。

まず大阪にたどり着かなければ、目標は達成できません。そして相手と会えなかったり、商談が進められなかったり、話をまとめられなかったりしても、やはり目標は達成できません。

目標を設定すると、クリアしなければならない小さな課題が見えてきます。**それらを粛々とクリアしていくことが、「努力を積み重ねる」ということ**なのです。

この思考を身につけると、「初めの一歩目から方向性を間違える」といったことがなくなります。

ゴールがわからなければ素直に人に聞けばいい

今まで「目標を設定する」というプロセスを踏んだことがない人ほど、いざ目標を設定しようとしたときに「何を目標にしたらいいかわからない」という事態に陥りがちになります。

そのようなときは、**ゴールを知っている人に、「ゴールはどこですか」と聞いてしまう**のもひとつの手です。

私自身、医学部時代にはよく、先生に「どこがテストに出ますか？」と質問していました。

コツは、テスト直前ではなく、新学期が始まった直後に聞くことです。先生は、単なる「テスト対策」としての質問ではなく、探究心からくる質問なのだと受け取ってくれます。

直接「どこがテストに出ますか？」と聞くのがはばかられるようでしたら、聞き方を変えてもいいでしょう。

「何を勉強したらいいですか」
「どのように勉強したらいいですか」
「どうすればいちばん効率的に学び取れますか」

すべて、似たような意味の質問です。そして驚くことに、**ほとんどの先生は、その答えを教えてくれます**。

同級生は「そんなことを聞いてはいけない」と思っていたのか、私のほかに誰ひとり、先生にこのような質問をぶつけたりはしていませんでした。結果、私だけが、「テストにどのような問題が出るのか」の情報を蓄えることができたのです。

これは決して、ずるではありません。

採点者である先生自身が、「君、そんなことを聞いてはダメだよ」と突っぱねることなくテストの出題範囲を教えてくれて、失格にすることなくテストを受けさせてくれて、現にいい点数を与えてくれている以上、これは正当な方法なのです。

ならば、聞かなきゃ損です。

「ゴールはどこか」とさまよい続けながら、無駄な努力を重ねて、テストで低い点数を取るほど馬鹿らしいことはありません。だって、「ゴールはどこですか？」と聞いたら、採点者自身が教えてくれるのですから。

「先生」を「上司」に置き換えると、会社でも同じことがいえるでしょう。

「会社に評価されない」と悩む人はたくさんいます。

評価されないのは、評価されるような行動をしていないからです。

評価されるような行動とは何か。わからないのであれば、評価者である上司に直接聞いてしまえばいいと私は考えます。

おそらく上司は、すんなりと教えてくれるはずです。

部下に「方向性がずれている努力」を重ねられるより、**「評価に結びつく行動」を**

とってもらったほうが、上司にとってもお得だからです。指導する手間は省けますし、部署としても結果を出しやすくなり、上司自身の評価も上がりやすくなります。

ゴールが見えないときに「ゴールはどこですか？」と聞くのは、ずるでも何でもありません。

正しい方向に努力を積み重ねやすくなる上に、周りのみんなも幸せになる、極めてまっとうな方法なのです。

「設定すべき目標」を履き違えないために

「満点」を取るのではなく「合格点」を取る

前項で私は、たとえ自力で目標を設定できたとしても、その目標を履き違えている場合もありうると述べました。

設定した目標そのものが「ずれている」場合もあるのです。

初めて自覚したのはやはり、医学部時代のテスト勉強でした。

「薬理学」という科目がありました。医学部のみんなは「薬理」と呼んでいました。医学部の中では代々、薬理は「難しい科目」として語り継がれています。

何が難しいかというと、一発で試験に通ることが難しいのです。毎年、受講生の半分ほどが、先生が設定する合格点に達せず、再試験へと回されてしまいます。そしてその再試験でも合格点に達することができなかったら、留年です。

そのため周りの受講生たちは、薬理のテスト勉強だけはほかの科目のテスト勉強よりも早めに、そして必死に取り組んでいました。

しかし私は、ほかの科目のテスト勉強と同じく、「新学期が始まってからすぐに、先生に勉強法を聞いておく」「過去問をひたすら解く」といった対策で臨んでいました。

薬理が難しいのは、出題範囲が広すぎるからです。ほかの科目と同じようにテスト勉強をしていたのでは、必然的に、手が回らない部分が多くなります。だからみんな、必死にテスト勉強をするのですが、どんなに頑張っても出題範囲の広さはいかんともしがたく、結果的には受講生の半分が再試験へと回されてしまっていたのでした。

医学部の6年間で、再試験にかからない人は学年に数人ほど。

私は、ほかの科目のテスト勉強と同じく、最低限の時間で最低限の努力しかしていないにもかかわらず、その「数人」の中に入っていました。

周りの受講生を見ていると、「**膨大な出題範囲のすべてを完璧に勉強し、満点を目指さなければ、結果的に合格点には到達できない**」と考えている人が多いことに気づきました。

おそらくこれまで代々、ほぼすべての受講生が、同じ考え方で勉強してきたのでしょう。しかしその結果が「一発合格率50％」です。だからこそ薬理は、難しい科目として医学部で語り継がれています。

「満点を目指す」からこそ、「合格点」が取れない。面白い構造です。

「満点を目指す」という目標そのものが、間違っているのです。

目標はあくまでも「合格点を取る」ことです。

薬理の合格点は、60点。私はそのテストを、いつも63～64点ほどで通過していました。

出題範囲が広いために、過去5年ほどの過去問では網羅できていない範囲もありましたが、それは全体の2割ほど。たとえその2割を初めから捨てたとしても、残り8割である、だいたい5年に1回は出題されるような「学生に絶対に押さえておいてほしいポイント」をフルに勉強すれば、80点を目指すことはできます。

過去問に全力投球することで私は、**みんなより狭い範囲に時間とパワーを集中することができ、確実に合格点を取り続けることができた**のでした。

医師国家試験も同じ考え方で合格できた

「一医学部の一科目のテストの勉強法を語られたところで、こっちは応用できないよ」と思われるかもしれません。

しかし私は、医師国家試験も、薬理のテストと同じ考え方で合格しました。応用可能な考え方です。

医師国家試験で出題される問題とその割合は、次の3つに分けられます。

[A]「普通に勉強していればまぁ、誰もが解けるよね」という一般常識問題

（全体の1～2割）

[B]過去10年分の過去問の範囲から出る問題（全体の6～7割）

[C]過去10年分の過去問に出ていない上に「これはわからないよ……」という超難問

（全体の1～2割）

私はこのうち、初めから[C]を全捨てしていました。

やはり最初から、自分だけ「80点満点」の勝負をしていたのです。

[A]で満点を取り、[B]で8割くらいの正解率で点を取る。[C]もまぁ、5択問題だから2割くらいの正解率は確保できるだろう――このような考え方で、私は戦略的に、合格点をかき集めたのでした。

一般的に、[A]を勉強するのに1カ月、[B]を勉強するのに2カ月、[C]を勉強するのに

は半年かかります。そのため医師国家試験を受験するには、９カ月ほど必死に受験勉強を積み重ねるのが通例です。

しかし私は、初めからⒸを全捨てしていますから、たった３カ月で、ほかの受験生と同じ濃度でⒶⒷの受験勉強を終えられます。試験勉強に９カ月使えるとしたら、私はほかの受験生の３倍の濃度でⒶⒷを勉強できることになります。

やみくもにⒸの勉強に手を出すよりよっぽど確実に、合格点を取ることができるというわけです。

生きていれば「わからないこと」は普通にある

「そのような考え方で、医師の国家試験を受けるな」とお叱りを受けるかもしれません。

ただ、医師国家試験は、受験者の９割が合格する試験です。医師という国家資格保有者として、「みんながわかることがわからない」のは大問題ですが、「みんながわからないことを自分もわかっていない」のは大した問題ではありません。現場でわからないことが出てきたら、その都度、学術書を読めばいいからです。

「本番の試験で、わからない問題が出てきたらどうしよう」と不安になる気持ちはわかります。

しかし人間、生きていれば、わからないことというのは普通に出てくるものです。なにもテストに限った話ではありません。

「わからない問題が出てきたらどうしよう」という不安に負け、「念のため」の勉強に半年かけるのなら、**初めから「どうせみんな解けないんだから」と割り切り、確実に合格点を取るほうに舵《かじ》を切ったほうがいい**。

「満点」を取るのではなく、「合格点」を取る。これが「正しい目標設定を行う」ということだと私は考えています。

努力の量を計る「どれだけ働いているか」

「今の自分はどれだけ努力しているか」を知る

努力の「質」さえある程度高めることができれば、「量」を増やすのはさほど難しいことではありません。

第1章でお話ししたように、**努力の濃度を高めていくだけで、必然的に努力の量は増えていくから**です。

まずは、現状の「努力の濃度」を計ってみます。

第1章では、勉強という分野における努力の濃度を計るためにストップウォッチを活用しましたが、これは仕事においても活用可能です。

自分が今、どんな仕事にどれくらいの時間をかけているのかを、ストップウォッチで計ってみましょう。

たとえば会社から、「年間1億円の売上をあげる」という目標を課せられていたとします。その「年間1億円の売上をあげる」という目標に向かって必要な努力を積み重ねている時間と、そうでない時間をあぶり出すのです。

仮に毎日、会社に12時間いたとしても、本当に努力している時間というのは案外少ないものです。

同僚と談笑する時間もありますし、食事後の仕事でついウトウトしてしまう時間もあります。

仕事のように見えて、目標には結びつかない無駄な時間もあります。「この会議、意味あるのかなぁ……」と感じながら出席してぼーっとしている会議の時間もそうですし、上司に言われて仕方なく、とくにつくる必要のなさそうな資料をつくっている時間もそうです。

コピー機が詰まってしまって余計な時間を食うこともありますし、メールの返信の文面に悩んで想定以上の時間をとられてしまうこともあります。

会社という空間は思いのほか、無駄な時間が生まれやすい空間なのです。

そこで、ストップウォッチを活用します。自分の勤務時間の「棚卸し」を行うのです。

私の周りの人たちにも、実際にストップウォッチで時間を計ってみてもらったことがあります。ほとんどの人が、**勤務時間のうちの60％ほどしか、目標に向かって必要な努力をしていません**でした。午前9時に出社し、お昼休憩の1時間を挟んで午後8時まで、正味10時間分の仕事を頑張ったつもりでも、現実には6時間分の努力しかしていない計算になります。

努力しているのは「自分だけ」ではない

ここで忘れてはいけないのは、「努力しているのは自分だけではない」という事実です。

あなたの周りには、そして世の中には、10時間の勤務時間で、限りなく10時間に近い努力をしている人もたくさんいます。

「その1日」だけを見たら、10時間と6時間の差は4時間であり、そんなに大きな差には感じられないかもしれません。

しかし仕事は毎日の積み重ねですし、それが年々積み重なって、自分の実績となっていきます。

1日4時間の差は、1年間に換算すれば5カ月弱の差になります。

ある課題があったとして、その課題をクリアするのに1年かかる人と、7カ月そこそこで終えられる人とでは、やはり実績にも評価にも、差が生まれます。

そしてその差は埋まるどころか、あなたが努力の仕方を変えない限りは、開く一方なのです。

差がつく原因は「センス」ではなく「努力」

ところが、ある課題をクリアするのに1年かかる人は、その課題を7カ月そこそこで終えている人を見て、「自分より努力しているから、早く終わっているのだ」とはなかなか思わないものです。

「自分は頑張っている」と、努力しているつもりになっているからです。

だから、「努力」ではないところに、その差を求めようとします。

「あいつはセンスがあるから、仕事が速いんだ」

「あいつは地頭がいいから、飲み込みが速いんだ」

もしもこんな考えが頭に浮かんでいるのだとしたら、危険信号です。自分の努力の仕方を変えることを、自ら放棄しているようなものだからです。

「センスがいい」「地頭がいい」と思えるくらいに仕事が速い人たちは、そもそも自分より多くの時間、努力しているのです。

職場にいる時間は同じでも、努力している時間は違う。この事実をまず、認識する必要があります。

無駄な時間を削れば働く時間の濃度が高まる

自身の力を高め、得たい実績や評価を得るためには、努力の仕方を変えるしかありません。

引き続きストップウォッチを活用しながら、「無駄な時間」を徐々に削っていきます。

コーヒーをいれたり、トイレにいったりするときも常に急ぎめ。周りが話しかけられないような雰囲気を出して、仕事に集中するのです。

最初のうちは、すごく窮屈に感じるかもしれません。しかしそれは、今まで自分がいかにダラダラと仕事をしてきたかの表れでもあります。

そして現に、**結果を出している人は、その窮屈さで生きています**。

心配いりません。だんだんと、その窮屈さには慣れていきます。そしてそれは、**努力の濃度が高まり、本当に努力している時間が増えてきた証《あかし》でもある**のです。

第3章では実践編として、努力をどう積み重ねていくべきかを具体的に解説していきます。

第2章でお話しした、「努力の質」と「努力の量」を意識しながら読むことで、より理解が深まっていくはずです。

第3章

「学ぶ→行動する→継続する」のサイクルを回す

努力は「学ぶ→行動する→継続する」で積み重ねる

シンプルだけど「やると差がつく」行動サイクル

第2章では、

1 目標を設定する
2 目標までの矢印を引く

という2つのプロセスを踏み、「本当に努力している時間」を増やすことで、得たい結果までの最短距離を、最速で進むことができるというお話をしました。

第3章では具体的に、どのように努力を積み重ねていけば、51ページの図でご紹介した「努力の理想型」に近づけるのかをお伝えしていきます。

私が提唱するのは、「学ぶ」→「行動する」→「継続する」のサイクルを高速で回し続けることです。

「学ぶ」「行動する」「継続する」の、それぞれの役割は次のとおりです。

学ぶ　　：努力の「質」を高める
行動する：努力の「量」を増やす
継続する：努力の矢印を進み続ける

つまり、第2章でご紹介した「努力の理想型」を現実のものにするための行動サイクルが「学ぶ」→「行動する」→「継続する」というわけです。

シンプルですが、とても重要なサイクルです。

■ 学ぶ→行動する→継続する

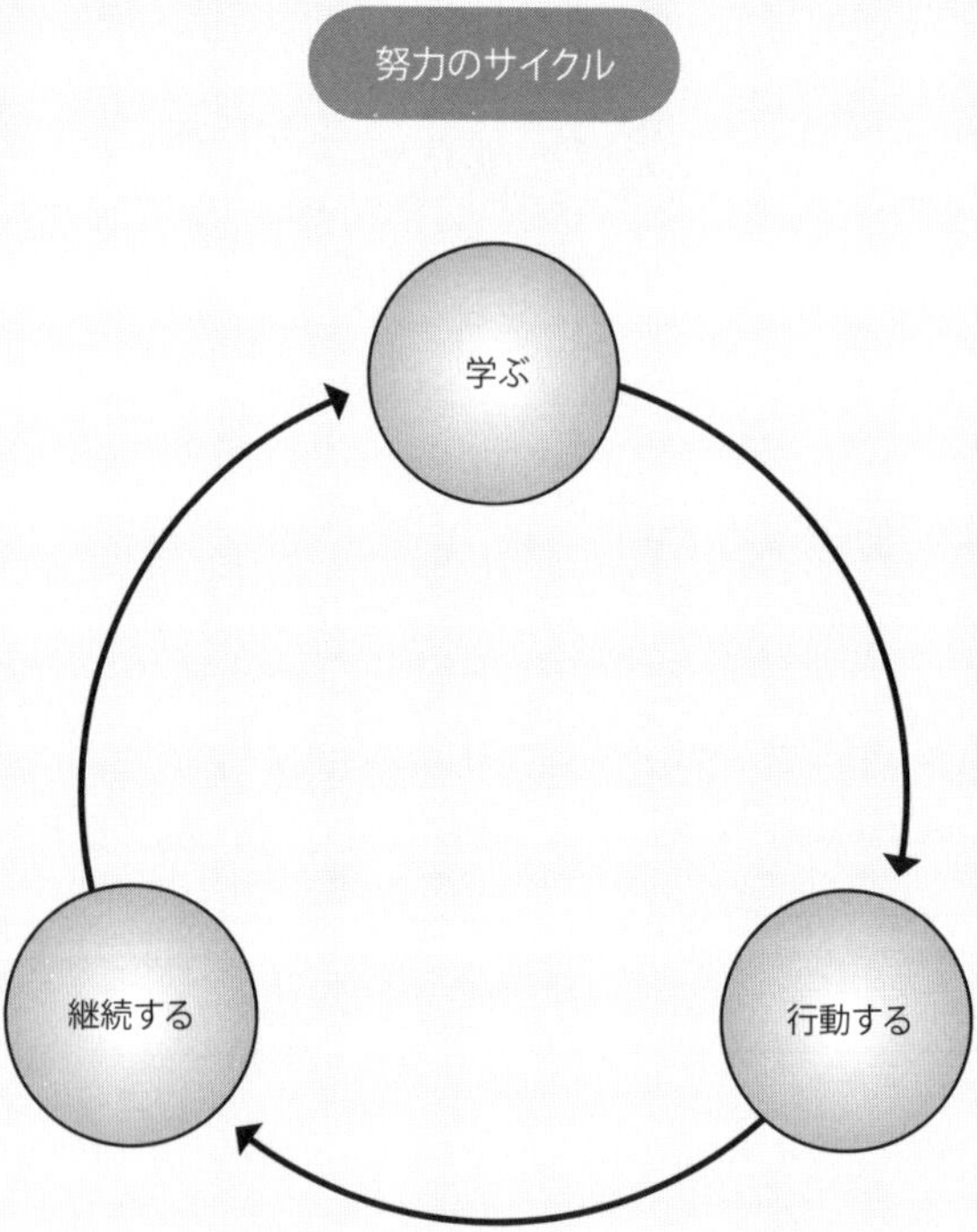

「学ぶ」→「行動する」→「継続する」
が努力の基本サイクルになる。

ここからは、私自身の実体験を織り交ぜながら、「学ぶ」→「行動する」→「継続する」のサイクルをどう回していけばいいのかを見ていきます。

ただ、このうち「継続する」は、「正しい行動をいかに積み重ね続けるか」という、メンタルにも大きく関わる部分であり、伝えたいノウハウが「学ぶ」「行動する」とは少し異なります。

そこで「継続する」については独立して第4章で詳しくお伝えすることとし、第3章では「学ぶ」「行動する」に絞って詳しく深掘りしていきます。

学ぶ

「誰」から「何」を学ぶべきかを考えろ

賢さは「頭の質の差」ではなく「努力の差」

「学ぶ」→「行動する」→「継続する」。学ぶことからすべての努力はスタートします。

前項でお話ししたように、「学ぶ」とは「努力の質を高める」ための行動です。第2章の内容を踏まえると、「学ぶ」→「行動する」→「継続する」のサイクルのうち、「学ぶ」は最も重要な行動であるといえます。

私は、**「賢い・賢くない」の差は、「学ぶか・学ばないか」の差**だと考えています。

これは決して、「勉強ができる・できない」の話ではありません。**「努力の質を高めようとするか・しないか」**の話です。

ある人が5時間勉強するだけで90点取れるのに、自分は10時間かかる。これは「頭の質」が違うのではなく、「努力の質」が違うのです。

「行動する」を「勉強」に置き換えるならば、「学ぶ」は「正しい勉強法を知ろうとすること」にあたります。

第2章でご紹介した私の例でいえば、先生に「どこがテストに出ますか？」と質問したり、過去問を見ながら出題傾向をつかんだりして、「どう勉強すればいいのか」の情報を集めるのが「学ぶ」です。

単に「行動する」「継続する」だけでは、「パワフルだけど、いつも的外れな努力をしている人」で終わってしまいます。「学ぶ」からスタートすることで、常に正しい方向に努力を積み重ねることが可能になります。

「結果の出し方を知っている人」に教われ

学ぶ上で重要になってくるのが、「誰から学ぶか」です。

私は、**「自分が得たい結果をすでに出している人」「自分が得たい結果の出し方を知っている（すでに誰かに教え、その人に結果を出させた経験がある）人」**から学ぶのが望ましいと考えています。

もしも会社勤めの人だったら、同じ社内ですでに実績を出している人や、同業他社ですでに実績を出している人、今は独立しているけれどかつては会社員として実績を出していた人に教えを請うのがいいでしょう。プレゼン術や営業術などのスキルアップセミナーに通うのもありです。

私の場合は、実業で私よりも大きな利益を出している人や、会社にとってプラスとなる専門分野のプロ（広告のプロや、税務のプロ）に教えを請い、目指す方向性を間違えないようにしています。

独学はお勧めしません。仮に設定した目標が間違っていたときに、指摘してくれる人がいないからです。

まだ結果を出していない段階で、自力で目標設定をするのは、少々危険です。「結果を出した経験がある人」か「結果を出させた経験のある人」、どちらかから学ぶようにしましょう。

投資を惜しまなければ「０度の矢印」が手に入る

学ぶには基本、お金がかかります。

浪人生が「志望大学合格に最適化した勉強の仕方」を学ぼうと思ったら、予備校に通うことになります。仕事で実績を出している人からプライベートで話を聞くにも、飲食代がかかりますし、場合によってはごちそうしなければならない場合もあります。そしてスキルアップセミナーにももちろん、お金がかかります。

私は、そのようなお金を惜しまないようにしています。

第2章でご紹介した「努力の理想型」のような、**「現状」と「得たい結果」の間に角度1度のずれもないまっすぐな矢印は、お金で買える。**これが私の持論です。

私が「自社が提供するサービスの広告を出稿して売上を伸ばし、今よりも大きな利益を出したい」と考えたら、広告のノウハウを学ぶスクールに入ったり、広告に強いコンサルタントを起用したりするでしょう。

広告に強いコンサルタントを起用するとなると、年間で1000万円ほどかかることもあります。「高い」と感じるかもしれませんが、突き詰めて考えればそうでもありません。

広告予算を年間2000万円と仮定します。

そして私が、我流で広告を学び、2000万円ある予算のすべてを広告出稿にあてたとしましょう。

この場合、私が「目標まで角度0度の矢印」を引き当てる確率は、限りなく低いと

■ **独学＋広告出稿 2000 万円**

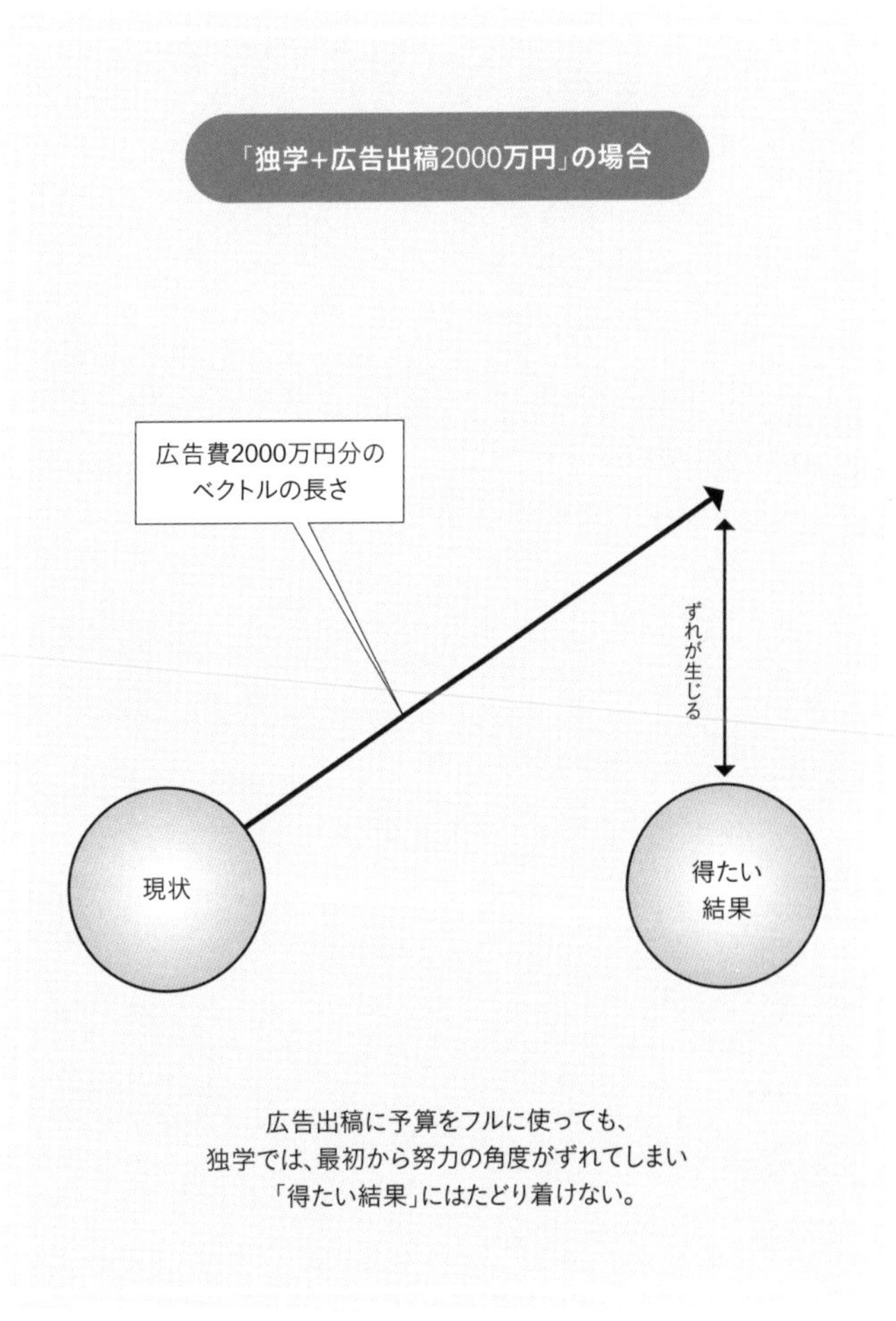
「独学+広告出稿2000万円」の場合
広告費2000万円分の
ベクトルの長さ
ずれが生じる
現状
得たい
結果
広告出稿に予算をフルに使っても、
独学では、最初から努力の角度がずれてしまい
「得たい結果」にはたどり着けない。

考えられます。30度ずれる、45度ずれるといった事態も起きうるでしょう。そうなったら、2000万円使いながら、得たい結果を得ることができないことになります。

仮に途中で軌道修正ができたとしても、かかるお金は確実に、2000万円より大きくなってしまいます。

しかし、2000万円ある予算のうち、1000万円をコンサルタントに支払った見返りに、「目標まで角度0度の矢印」を手に入れられるとしたらどうでしょう。たとえ広告出稿に使えるお金が最大1000万円にまで減ってしまうとしても、広告を出稿すればするだけ、まっすぐに目標に近づくことができるようになります。

すると広告にかかる総費用は、我流で学んだ場合よりも少なくなるのです。

「角度0度の矢印」を手に入れることに大きな投資をすることで、結果的に、投資を最小限に抑えることにつながるわけです。

ただ、「本当に一発で、角度0度の矢印を授けてくれるコンサルタントに出会えるのか」という疑問は当然生まれてくるでしょう。次項ではその疑問を解決します。

■ コンサル1000万円＋広告出稿1000万円

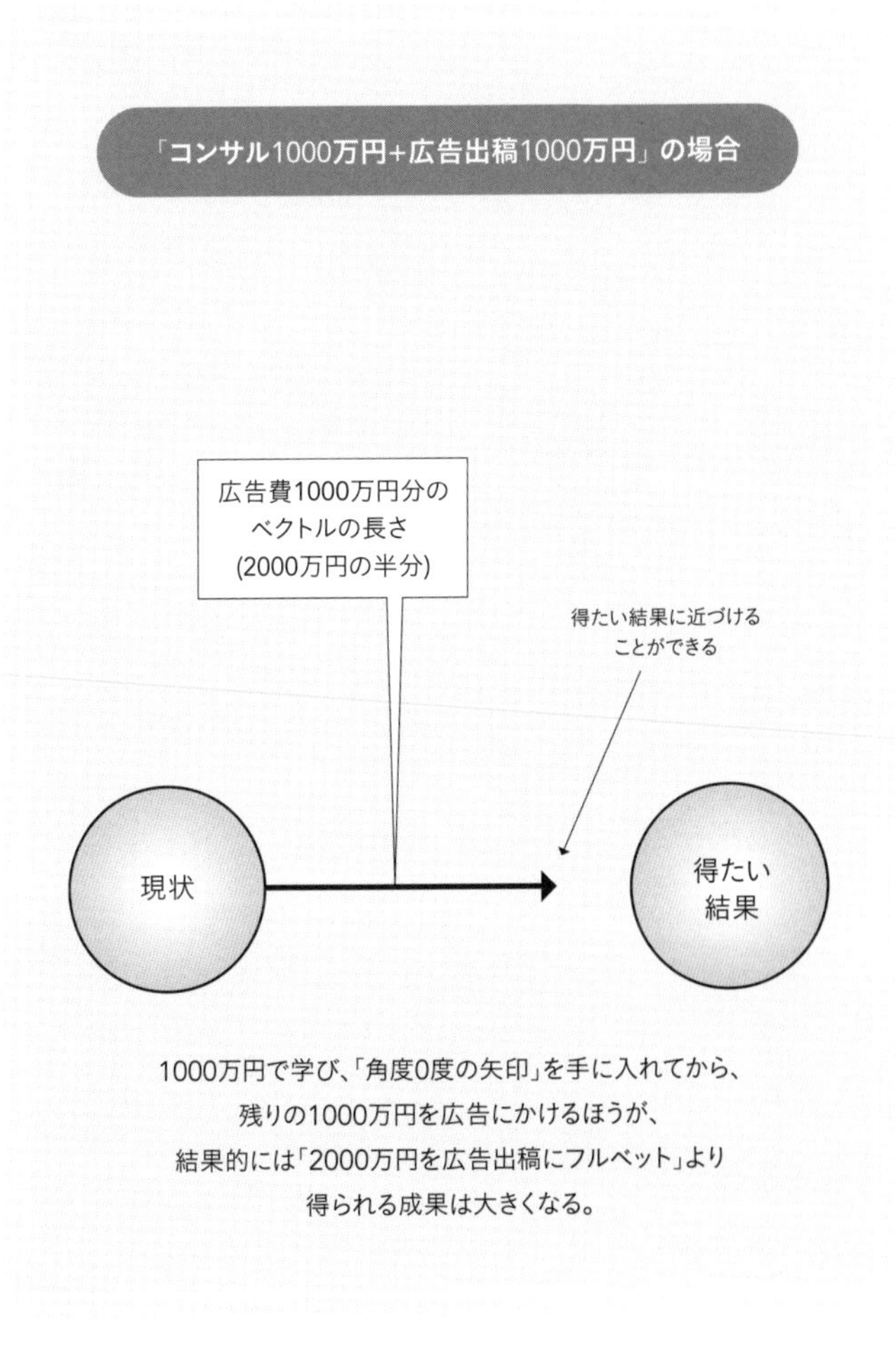
「コンサル1000万円+広告出稿1000万円」の場合
広告費1000万円分の
ベクトルの長さ
(2000万円の半分)
得たい結果に近づける
ことができる
現状
得たい
結果
1000万円で学び、「角度0度の矢印」を手に入れてから、
残りの1000万円を広告にかけるほうが、
結果的には「2000万円を広告出稿にフルベット」より
得られる成果は大きくなる。

学ぶ

脱・完璧主義。「100%の正解」を求めない

相手は「正答率が高いだけ」と割り切って考える

お金や時間をかけて「学び」に投資したとして、教えてくれる相手の質が悪かったら、結局、お金や時間の無駄遣いに終わってしまうのではないか——このような不安を覚えるのは自然なことです。

実際、予備校やセミナー、スクール、コンサルティングといったサービスには、ピンからキリまであります。社内外の同業者から教わろうにも、やはり同じようにピンキリでしょう。

私は基本的に、「**自分より上の結果を出していたり、自分より上の結果を出させて**

いたりする事実があるのであれば、そのほかがどんなに粗悪でも、学ぶ価値はある」と割り切っています。

その前提には、「初めから、相手の教えに『100%の正解』を求めていない」という私自身の考え方があります。

私は、自分より上の結果を出していたり、自分より上の結果を出させていたりする人に対して、「自分より、結果を出すことに関する正答率が高い」くらいにしか考えていません。**「100%の正解を知っていて、それを教えてくれる」なんて、最初から期待していない**のです。

「結果」とは、日々の意思決定の積み重ねです。

自分より上の結果を出していたり、自分より上の結果を出させていたりする人は、その「日々の意思決定」の正答率が、自分よりも高い。その考え方を自分にインストールできたら、自分の正答率も上がる。言ってしまえば、その程度のものなのです。

相手に「100%」を求めるから、学ぶ腰が重くなったり、不安を覚えたりするのです。「相手は自分より正答率がちょっと高い。我流でやるよりも話を聞いてみたほうがマシだろう」程度に考えておけば、学びのフットワークは軽くなります。

「成功のサンプル」は多ければ多いほどいい

たとえば「サイコロで、絶対に1を出さなければいけない」というゲームをやるとします。

「学ぶ」というプロセスを踏まずに「行動する」のは、何の策もなくサイコロを振り続けるようなものです。1が出る確率は、いつまで経っても6分の1のままです。

ならば、誰かから学べば、1分の1、つまり100％の確率で1が出るようになるか。多くの人はそう考えるのですが、残念ながらそれは幻想にすぎません。**現実にはせいぜい3分の1、よくて2分の1になる程度**です。

でも、それでいいのです。学び続け、「3分の1で1が出るノウハウ」「2分の1で1が出るノウハウ」を自分の中に蓄積していけば、いずれ限りなく「1分の1」に近い確率で1が出せるようになります。

私はそう信じて、「学ぶ」というプロセスにお金と時間をかけ続けているのです。

ひとりの人に学び、行動してみてうまくいかず、「ダメだったじゃないか!」と腹を立てるのは、うまくいかない人の考え方です。

サンプルは多ければ多いほどいい。**いろいろな人に学んで「いいとこ取り」をすることで**、正答率は上がっていきます。

すべてを学ぶのではなくあくまで「いいとこ取り」

サンプルを多く集めるときに、気をつけたいことがあります。

「その人から、何を学ぶのか」を明確にすることです。

ある人に教えを請うからといって、なにも弟子入りするわけではありません。

ちょっと「いいとこ取り」をさせてもらうだけです。それ以外の部分についてはあま

■　「いいとこ取り」のイメージ

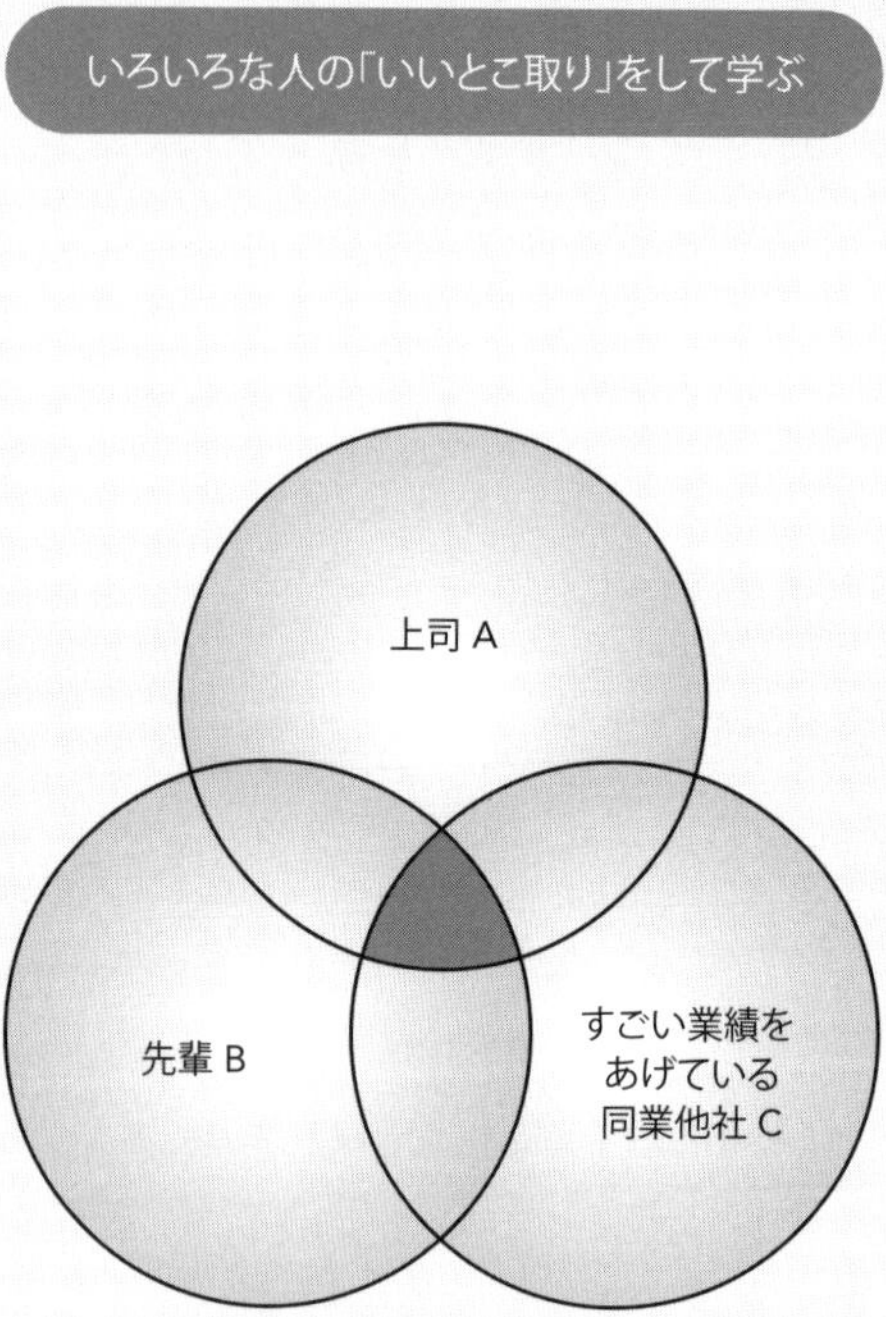
いろいろな人の「いいとこ取り」をして学ぶ
上司A
先輩B
すごい業績を
あげている
同業他社C

学ぶ範囲を限定し、
それぞれの「いいところ」だけを学ぶ。

り深入りせず、ドライに、「自分より優れている部分」にだけ目を向けて学ぶようにしましょう。

中には、「なんかあの人、性格が悪いから」とか「評判が悪いから」といった、学ぶべきところとは直接関係のない部分が引っかかり、優れた結果を出している人から学ぶのをためらってしまう人もいます。とてももったいないことです。

自分に教えてくれる人に、人格まで求めてはいけません。

「この人はいろいろと問題を抱えているけれど、ただ、出している結果は素晴らしい。そこを学ぶんだ」というように、学ぶ範囲を限定すると、アドバイスを受けやすくなります。

学ぶ

「0度」の定義はその人の信念によって違う

成功サンプルを集めるときに気をつけるべきこと

「成功のサンプル」は多ければ多いほどいい。

確かにそうなのですが、学ぶ過程ではよく、「こっちのすごい人と、あっちのすごい人の両方をいいとこ取りしようと学んでいたけど、両者の考え方の根本が違っていて混乱する」といったことが起きます。

どういうことか。

たとえば、「すごい結果を出している社長」と一口にいっても、いろいろな社長がいます。

「売上高が大事だ」と考える、**売上高重視派社長**もいます。「営業利益が大事だ」と考える、**営業利益重視派社長**もいます。「たくさんの人を雇い、雇用を生み出すことが大事だ」と考える、**雇用重視派社長**もいます。

私は、営業利益が大事だと考える「営業利益重視派社長」にあたります。しかし、「営業利益重視派社長」の先人たちに教わるだけではサンプルが少ないものですから、大きな結果を出している「売上高重視派社長」「雇用重視派社長」にもアドバイスを求めることがあります。

その中で、売上高重視派社長の「売上高が大事だ」という主張と、雇用重視派社長の「雇用を生み出すことが大事だ」という主張にパワーがありすぎるために、自身の「営業利益が大事だ」という主張も相まって「何が正しいのか……？」とよくわからなくなってくることもあるのです。

実際、「売上高重視派社長」の熱弁に感銘を受けてしまい、一生懸命に売上を増やしたものの、そのためにかかる費用も莫大に増えてしまって利益額は変わらず、「自分は何のために頑張っているのか」とガッカリしたこともあります。

ぶれないために「何を目指すのか」を明確にしろ

私は、「**会社とは営利組織なのだから、利益を追求し、お金をたくさん稼いでナンボだろう**」と考えています。ゆえの「営業利益重視派社長」です。「営業利益を増やす」方向に、角度0度で進んでいきたいと考えています。

しかし中には、「売上高が大きいほうが、社会に大きなインパクトを与えることができる。経営のうまさで考えれば営業利益重視派社長が評価されるのはわかるが、社会への大きな影響力を持ち続けるためには、売上高が大事なのだ」と考える「売上高重視派社長」もいます。その人にとっては「売上高を増やす」方向が、角度0度です。

さらに「営業利益を会社に残そうとは思わない。その利益で新たな従業員を雇い入れ、雇用を生み出すのだ」と考える「雇用重視派社長」もいます。その人にとっては「雇用を生み出す」方向が、角度0度です。

結果を出している人には、多かれ少なかれ、何らかの信念があります。

その信念により、目指す「０度」の方向は変わってきます。

ぶれないためには、**自分が何を目指したいのかを明確にしてから学ぶ必要があります。**

学ぶのはあくまで「ノウハウ」だけでいい

「ぶれるくらいならばそもそも、初めから『営業利益重視派社長』にだけ教わりにいけばいいではないか」という声もあるかもしれませんが、それは少し違うと私は考えます。

私にとっては、**「売上高重視派社長」からも、「雇用重視派社長」からも、やはり学ぶべきところはある**からです。

利益を「売上－費用」と考えたとき、「売上を伸ばすことが、利益を伸ばすことにもつながる」のはひとつの事実であるといえます。「売上高重視派社長」から「売上を伸ばすノウハウ」を聞くのは大きな価値があります。その上で、費用を抑える方法を工夫すれば、自分なりの「利益を増やすノウハウ」ができ上がります。

他方、多くの雇用を生み出しているのは、その前段階で大きな利益を生み出していることの証明でもあります。「雇用重視派社長」からもやはり、「雇用を生み出すノウハウ」を聞く価値があります。そこから「従業員を雇う」部分を省けば、自分なりの「利益を増やすノウハウ」ができ上がります。

まさに「いいとこ取り」です。

教わりにいった相手のノウハウはインストールすることができますが、信念まではインストールすることができません。

歩んできた人生がまったく違うからです。

学ぶのは「ノウハウ」だけ。いろいろな人の話を聞きながら「いいとこ取り」を続ければ、自分なりの「角度0度」を保つことができます。

■ 「いいとこ取り」をしつつ角度0度を保つ

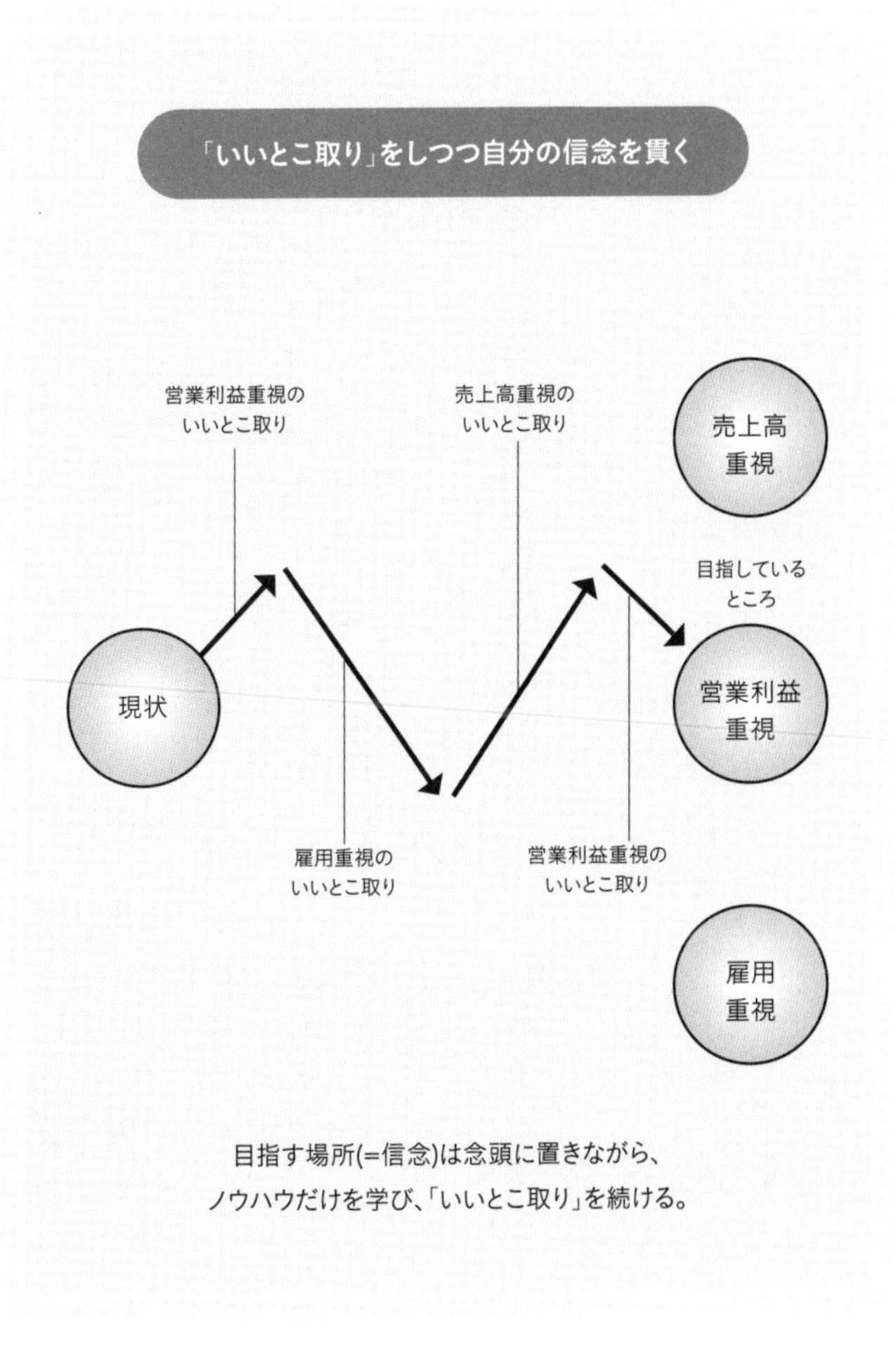
「いいとこ取り」をしつつ自分の信念を貫く
営業利益重視の
いいとこ取り
売上高重視の
いいとこ取り
売上高
重視
目指している
ところ
現状
営業利益
重視
雇用重視の
いいとこ取り
営業利益重視の
いいとこ取り
雇用
重視
目指す場所(=信念)は念頭に置きながら、
ノウハウだけを学び、「いいとこ取り」を続ける。

学ぶ

見栄っ張りでいいことなんて何もない

嘘をつくと入ってくる情報もねじ曲がる

学ぶときに注意したいのは、**教えを請う相手に「現状をありのままに話す」こと**です。

これは私が教える側に立ったときによくある経験なのですが、「うまくいく方法を教えてください」と聞いてきてくれているにもかかわらず、自身の現状を話す際に、謎の「見栄」を張ってしまう人がいます。

「年間利益を1億円にする方法を教えてください」

「わかりました。それでは、あなたの現状の年間利益を教えてください」

こういうやりとりがあったとして、本当の年間利益は１００万円でしかないのに「５０００万円です」と答えてしまうようなイメージです。

これをやられてしまうと、教える側は、適切なアドバイスをすることができません。「年間利益５０００万円の人が、年間利益１億円にできるようなアドバイス」をしたとしても、その人は現実には年間利益１００万円しかないわけですから、アドバイスがまったく役に立たなくなってしまうのです。

一方、正直に「今の年間利益は１００万円しかないんです」と伝えれば、「年間利益１００万円から年間利益1億円にするまでの矢印」を教えてもらうことができます。

教えを請う際に見栄を張ると、入ってくる情報が正しくなくなってしまうのです。

嘘をついてはいけません。**ありのままの自分を正直に伝えるのが、学びにおける大切なポイントです。**

行動する

学びながら行動、このスピード感が大事

学んでばかりいたら動けなくなってしまう

「学ぶ」の次は「行動する」です。

しかし、左ページの行動サイクルを日々実践している私としては、**「学びながら行動する」くらいが実態に近い**と感じています。

さきほど（90ページ参照）私は、「『学ぶ』→『行動する』→『継続する』」のサイクルのうち、『学ぶ』は最も重要な行動」だと述べました。

ただ、大事だからといって、いつまでも学んでばかりでは、「努力の方向性がずれていたらどうしよう」「本当にこの方向でいいのかな」と不安ばかりが先に立ち、な

■ 学びながら行動する

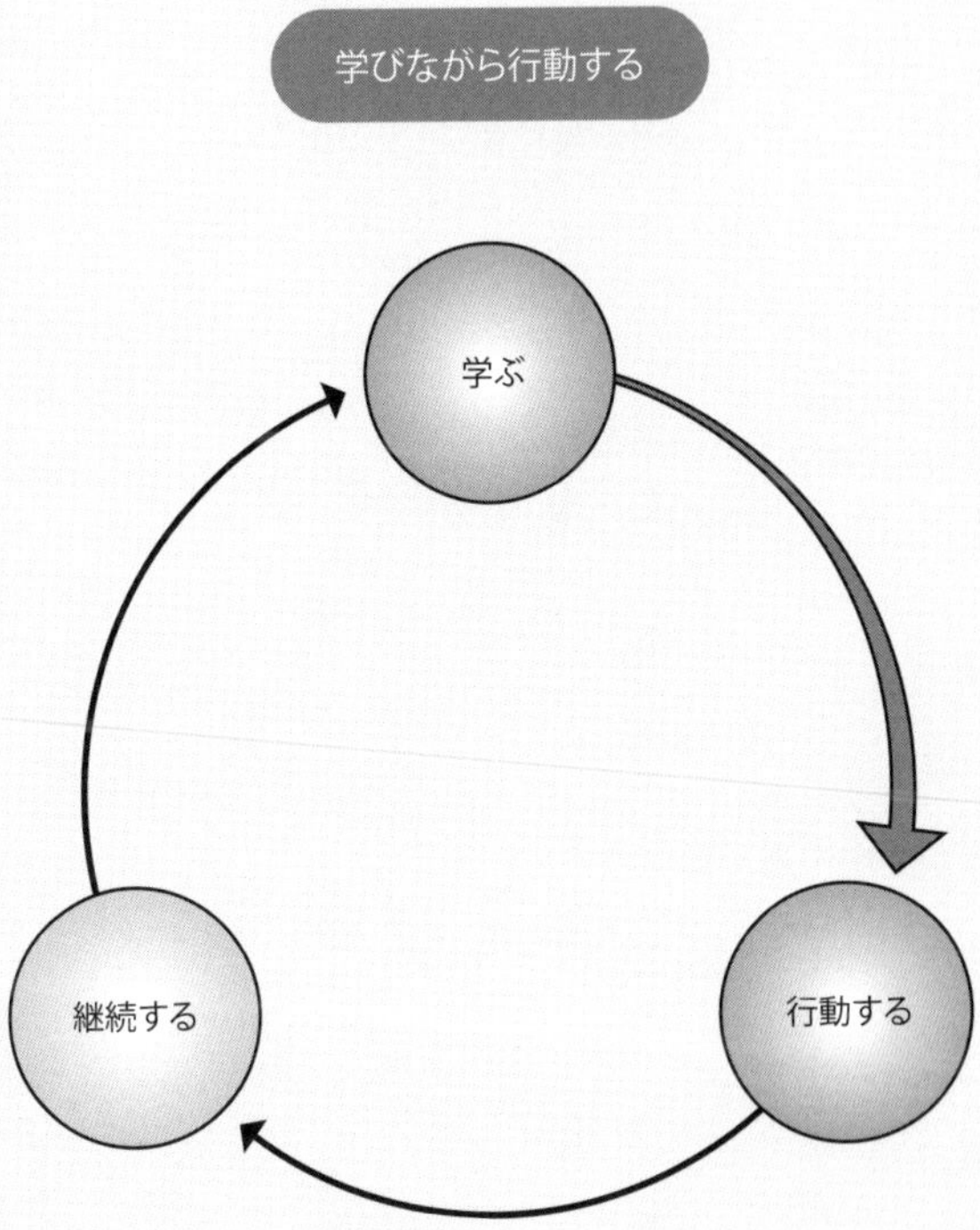

「学んだらすぐ行動」を心がける。

かなか行動に移せなくなります。

誰かから何かを学んだり、アドバイスをもらったりした場合は、すぐ実行に移すべきです。

このお話は後に全編を記しますが、私の会社はかつて、私の目標とする利益額をなかなか超えることができず、頭打ち気味になってしまったことがあります。

会社運営するのには十分すぎる、ある一定の利益額をキープできてはいたのですが、そこから増やすことができない時期が続いたのです。

そこで私は、自分より大きな利益を出しているある方のもとに学びにいき、「自分の場合は、フランチャイズを活用して事業規模を拡大したら、利益が増えた」というアドバイスをもらいます。

私は「そうか、自分の運営している事業もフランチャイズ化すればいいんだ」と学びました。

私は彼に「ありがとうございました」とお礼を言い、翌日にもランチをご一緒する予定を組んで別れました。

そしてその日のうちに、フランチャイズの募集をかけました。

翌日のランチで「フランチャイズが集まりました、次はどうしたらいいですか？」と相談したら、彼はとてもびっくりしていました。

このスピード感が大切です。

学んで行動、それを継続。学んで行動、それを継続。サイクルをぐるぐると高速で回すことで、努力が生み出すパフォーマンスは大きくなっていきます。

サイクルの高速化を目指せば自分のレベルも上がる

動画編集の世界でも、「案件を取りすぎちゃったらどうしよう」と悩んでいる人をよく見かけるのですが、とてももったいないことだと感じます。

現実に案件を取りすぎてしまって**「やばい、取りすぎた」となってから、そのさばき方を学んでも、十分に間に合う**のです。悩んで動かないだけ、時間とお金の無駄です。

学ぶ段階で先のことまで考えすぎると、行動できなくなります。「今日、明日、何をするか」に絞って学び、毎日毎日行動を続けていくことで、確実に成長することができるのです。

私自身、フランチャイズ化を機に利益の額は大きく伸びましたが、「フランチャイズ化の後にはどんな策を打ったらいいのか」なんて、いまだにわかっていません。でもそれは、フランチャイズによる全国展開がある程度まで進んだところで考えればいいと思っています。

毎日、「学ぶ」→「行動する」→「継続する」のサイクルをたどっていると、**自分のランクがどんどん上がっていくのを実感できる**ようになります。

「自分より1段階、2段階上」の人から学び、追いつくように行動し続けることで、かつては雲の上にいたような人からもアドバイスをもらえるようになるのです。

「学ぶ」段階にとどまり続けず、サイクルの高速化を目指しましょう。

行動する

アウトプットも脱・完璧。目指すは「６〜７割」

進みながら軌道修正するためにも「速さ」が大事

ほとんどの場合、仕事では正確性よりスピードが求められます。

「情報化社会」という言葉が根付いてから30年以上が経ったようですが、情報のスピードは今なお、年々速くなっています。その進化はとどまるところを知りません。

そのような世の中にあって、仕事でも、スピードの重要度がどんどん増しているのは必然であるといえます。

「速く、完璧に」が理想ですが、天才でもない限りその両立は無理です。ならば、**「速さ」を優先させましょう。**

自分の中で「100％の完成度」を求めたところで、どこかに必ず抜けがあるものですし、相手が求めているものより、いくらかはずれているものです。

それならば、**6～7割の完成度で提出し、フィードバックをもらいながら修正して完成度を高めたほうが、結果的には最短の時間、最少の努力で、相手の求める成果を出すことができます。**

これまで一貫して、「現状」と「得たい結果」が角度0度の矢印で結ばれている51ページの図を「努力の理想型」とお伝えしてきました。

しかし現実にはなかなか、こうもまっすぐに「得たい結果」にはたどり着けません。学んで、2、3歩進んでから再び学んで「あぁ、ちょっとずれているな」と修正し、さらに2、3歩進んでからまた学んで修正して……の連続となることがほとんどです。また中には、現状認識からずれてしまっている場合もあります。

どちらのずれも、現実に2、3歩進んでみなければ、つまり行動してみなければ、自覚することはできません。

1歩進み出す前から「この方向は目標まで0度かもしれないし、45度かもしれない

■ 「2～3歩進んで修正」を続ける

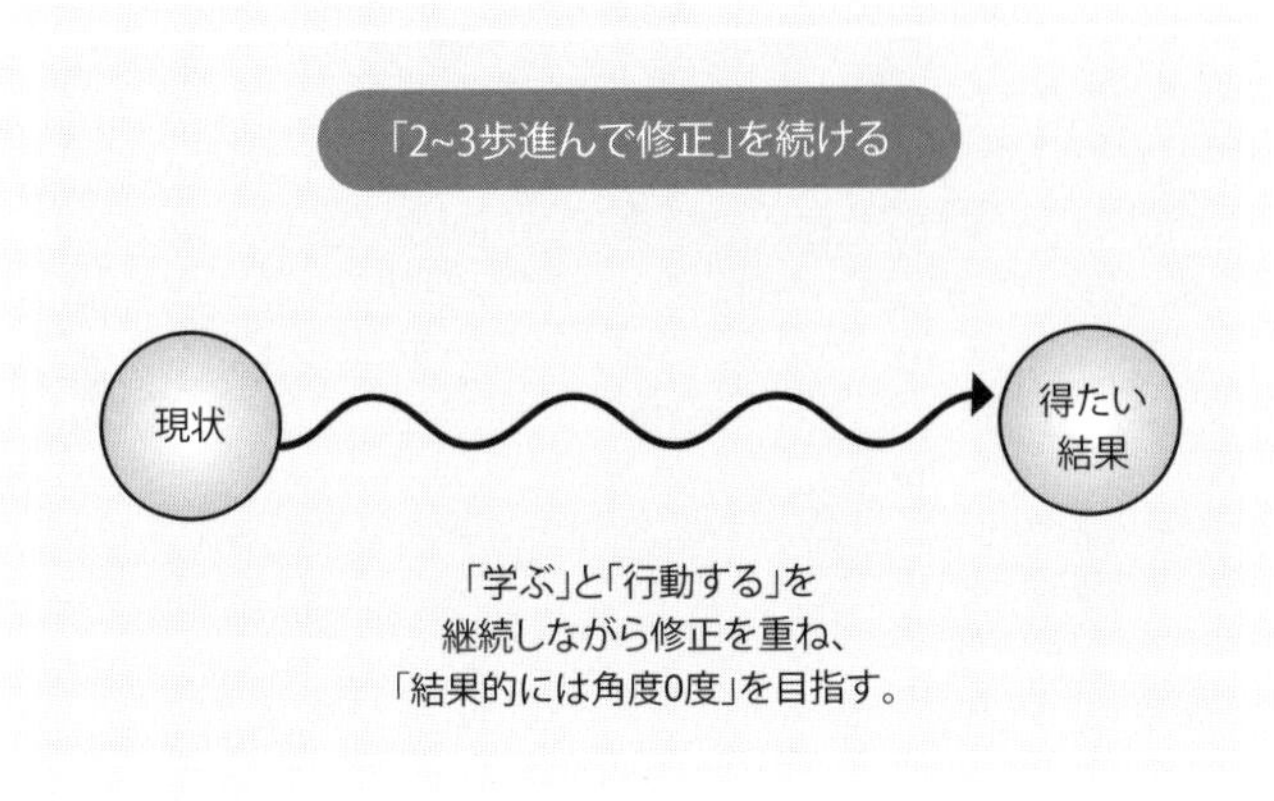
「2~3歩進んで修正」を続ける
現状
得たい
結果
「学ぶ」と「行動する」を
継続しながら修正を重ね、
「結果的には角度0度」を目指す。

■ そもそも現状認識からずれている

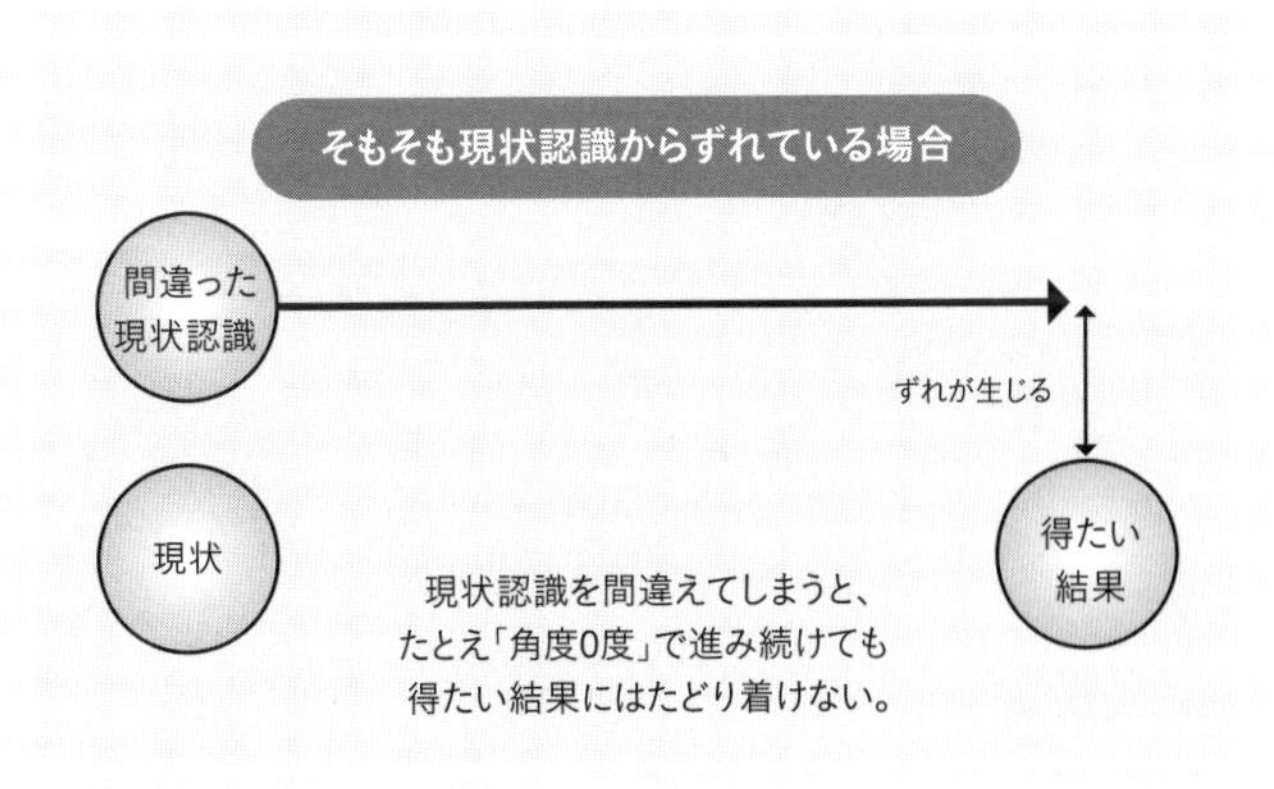
そもそも現状認識からずれている場合
間違った
現状認識
ずれが生じる
現状
得たい
結果
現状認識を間違えてしまうと、
たとえ「角度0度」で進み続けても
得たい結果にはたどり着けない。

な。うーん」と悩んだところで、答えはわからないのです。**答えを知るには、2、3歩進み出すしかありません。**

ある程度の「見切り発車」で進み始める必要があるのです。

では「6~7割の完成度」とはどれくらいか

とはいえ、3~4割の完成度で提出するのはさすがに粗すぎます。目指すのはあくまでも、6~7割です。

ところで、「6~7割の完成度」とは、どれくらいのものなのでしょうか。

感覚的な話になってしまいますが、私は「**とくに面白くはないけれど、まぁ間違いでもない」程度が、完成度6~7割のところ**だと考えています。

一定以上の長さの動画や文章で発信するとするならば、「論理的に破綻してはいないし、誤字脱字もないが、さほど面白いとも思わない」ラインが、完成度6~7割です。

逆にいえば、「いかに面白いものに仕上げられるか」が残りの3～4割なわけで、「ここに力を入れずにどうするんだ」と考える人もいるでしょう。

しかし、今進めている仕事がそもそも、的外れな方向に進んでしまっているとしたらどうでしょう。「面白いものにしよう」と力を込めて100%まで仕上げて提出したとして、相手に「そもそもずれているから、最初からやり直し」と言われたら、目も当てられません。

まずはいち早く、6～7割の完成度で提出し、**「この方向を求めているんですね」というのがわかってから、残り3～4割を練って面白いものに仕上げるのが、理想的な仕事の進め方**です。

フィードバックをもらいながら仕上げていけば、的外れな方向に努力して時間と労力を大幅にロスする可能性は少なくなります。

行動する

「運がよかった」と言う人の心の中はこう

運なんてない。すべては「努力の結果」である

私は、運というものをあまり信じていません。

世の中のありとあらゆる事象には必ず、誰かの努力と密接に結びつく因果関係があると考えているからです。

論理的に説明しづらいものや、因果関係はあるけどその因果関係を紐解けないときに、人は「運」という言葉を使います。「運」とは、説明が面倒くさかったり、考えてもわからなかったりするときに使われる言葉であり、**基本的には「誰かの努力」との因果関係で説明がつく**のです。

かくいう私も、「運」という言葉を使って説明することがあります。

「なぜ医学部生にもかかわらず、動画編集という成長市場に目をつけ、大きな結果を出すことができているんですか？」という質問に、私はよく「運がよかった」と答えています。

あえて言語化するならば、「プログラミングもウェブデザインもライターも、パソコンひとつでできる仕事はひと通り学び、試してみた。その中でいちばん結果が出たのが動画編集だった」ということであり、まさに「学ぶ」↓「行動する」↓「継続する」のサイクルを回し続けた、努力の結果です。動画編集の仕事はあふれるほどに多く、また単価もいいものが多いのですから、「いちばん結果が出た」のも必然です。運ではありません。

しかし、「なぜ医学部生にもかかわらず、動画編集という成長市場に目をつけ、大きな結果を出すことができているんですか？」という質問にこの経緯をすべて答えるのは、時間がかかります。

さらに「医師の道に進むことは考えなかったんですか？」なんて突っ込まれて聞か

れたら、それこそ本書の1項目を朗読するくらいの時間はかかります。相手に「おいおい、こいつ自分語りを始めちゃったよ」と思われたくもないですから、私は一連の経緯を「運」という言葉で片づけているのです（ただ、本書ではもちろん「運」で片づけるわけにはいきません。「私がなぜ、医学部を卒業しながら、医師ではなく動画編集の道に進んだのか」については、第4章の最後の項目で詳しくお話しします）。

結果を出している人が、その秘訣《ひけつ》を「運」と語るとき、**その裏には必ず、「学ぶ」↓「行動する」↓「継続する」のサイクルが隠れています。**

「運がよかっただけ」と言われて、「あぁ、なんだ、運がよかっただけなのか」と鵜《う》呑《の》みにしてはいけません。

「運がよかった」の裏にどんな努力が隠れているのかを探りながら、自身も「学ぶ」↓「行動する」↓「継続する」のサイクルを回し続けることが、結果的には、運を確実につかむことにつながっていきます。

再び学ぶ

進んでいれば「努力の方向性」はずれてくる

「継続する」の後は常に「学ぶ」に立ち返る

「学ぶ」→「行動する」→「継続する」はあくまでもサイクルです。一度学んだ行動を継続するだけでなく、新たな情報を得るべく、再び「学ぶ」に立ち返らなければなりません。

なぜならば、まっすぐ進んでいるつもりでも、いつの間にか「努力の方向性」がずれてくる可能性があるからです。

行動する中で、世の中の状況はめまぐるしく変わります。そして日々成長していけ

■ 常に「学ぶ」に立ち返る

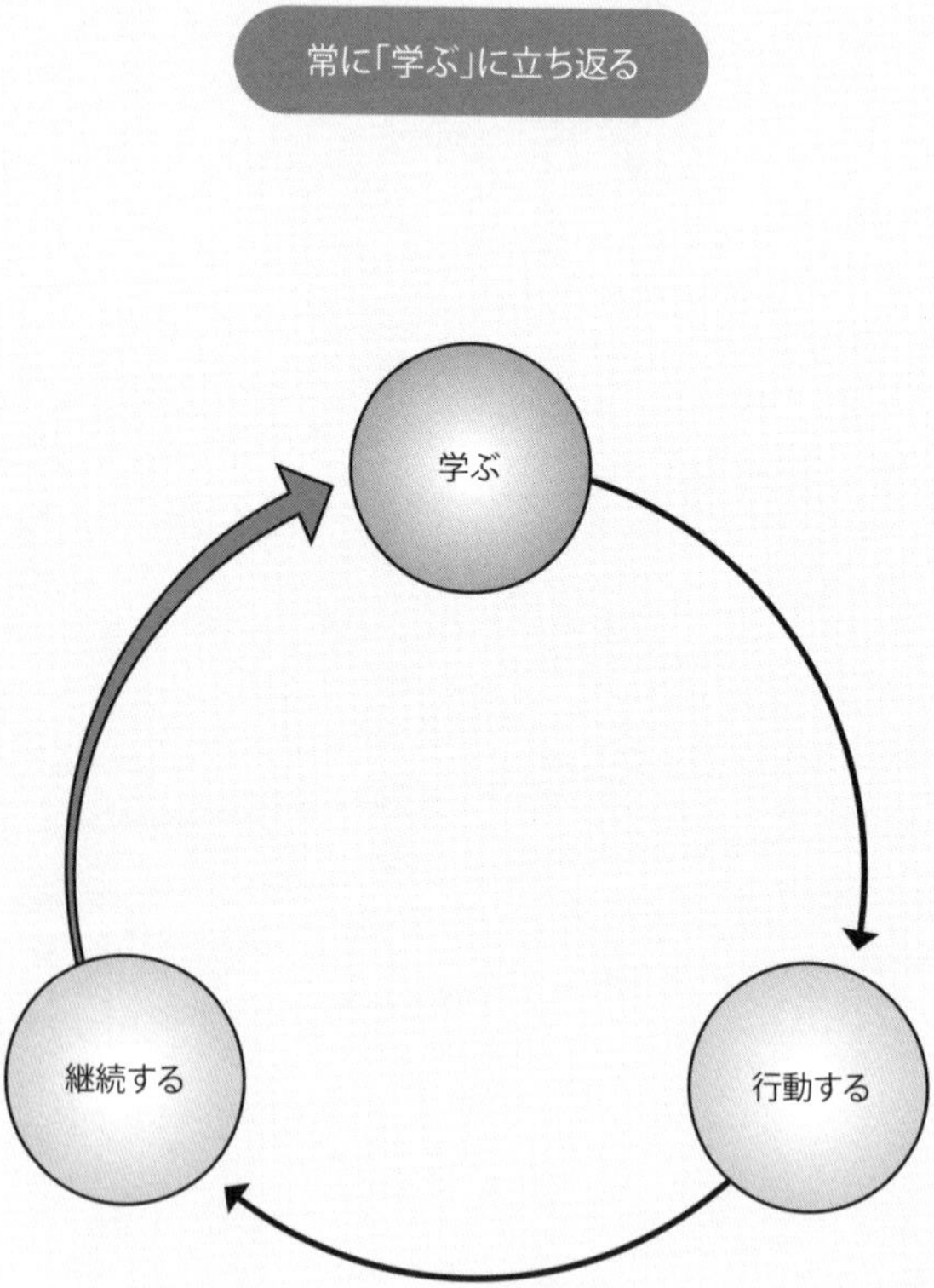

ば、自身の考え方も変わってきます。そう考えると、**「最初に決めた方向をいつまでも目指し続ける」のは、むしろ危険**だともいえます。

「言うことがコロコロ変わる」は学んでいる証拠

たとえば「本を上梓《じょうし》する」という行動ひとつとっても、時代とともにその評価は変わってきています。

かつて本はとても影響力を持っていて、高いお金を自費で払ってでも、本を出版したいと考える個人はたくさんいました。

しかしSNSの普及とともに個人の発信のかたちは多様化し、「本を出版する」というかたちでなくても、自分の考えを世に広め、影響力を持つことが可能になりました。

その時代の変化の中で、出版界は「より面白い本をつくろう」と研鑽《けんさん》を重ねています。

ここ十数年ほどで、「ベストな発信のかたち」はめまぐるしく変わっているのです。その変化に合わせ、「本を出す！」「やっぱりSNSだ！」「やっぱり本だ！」と切り替える人は、周りから「言っていることがコロコロ変わる人」と見られるのかもしれません。

しかし私は、それでいいと考えます。

ひとつの視点に凝り固まり、意地になってその1点を追いかけ続ける人より、**さまざまな変化に合わせて進む方向を変えられる人のほうが、目的地にはよっぽど早くたどり着けます**。「朝令暮改」でいいのです。

私自身、何か新しいサービスがリリースされたときには、すぐにひと通り試します。「このサービスは可能性があるぞ！」と盛り上がって突っ込んでいき、その日の夜には「やっぱり可能性なかったわ！」と言って撤退する。そんなことの繰り返しです。

一度言ったことや考え方を変えたり、撤回したりするのは、なにも恥ずかしいことではありません。多くの情報に触れ、多くの人の話を聞きながら、自分にとってしっくりくる進路を探せばいいのです。

再び学ぶ

「学び続けられる関係性」になれるかどうか

学びを１回で終わらせないためにはスピード勝負

さきほど私は、「ある方に『事業のフランチャイズ化』という選択肢を教えてもらったその日のうちにフランチャイズの募集をかけ、翌日のランチで次のステップを相談したら、その方に驚かれた」という話をしました。

もらったアドバイスを即実行に移すのは、もちろん自分の努力が生み出すパフォーマンスを最大化させるためではあるのですが、実はもうひとつ、大きな効能があります。

「**その人から学び続けられる関係性」を築けること**です。

学ぶのがうまい人ほど、人からの学びを1回で終わらせません。学びにいき、相談し、アドバイスをもらい、行動し、報告がてら次の学びを得ようとします。そしてその学びを行動に移した後、また報告がてら次の学びを得ようとする。いつの間にか、その人との間で「学ぶ」→「行動する」→「継続する」のサイクルが生まれます。

そしてその学びの対象をいくつも持っているのですから、必然的に出せる成果は大きくなりますし、成長のスピードも速くなります。

自分のアドバイスをすぐ実行してくれる人は、アドバイスをした側にとってはかわいいものです。逆に、アドバイスをしたのにいつまでも実行しない人を見ると、「自分のアドバイスは役に立たないのかな」と思い、それ以上アドバイスをする気はなくなります。

「学び続けられる関係性」をいろいろな人と築いていくと、アドバイスやフィードバックがどんどん溜《た》まっていきます。それが結果として、正しい「努力の方向性」を定めるための助けとなるのです。

第4章

努力を継続させ、個の力を高めよ

継続する

背水の陣を敷いてもメリットはない

迷ったら「巻き戻し可能な選択」をする

私は大学医学部在学中に起業し、初年度から年間1億円の営業利益を出しました。そしてそのまま医学部で勉強し続け、医師の国家資格を取得して卒業しました。

この経歴を話すと、「なぜ、実業でやっていけるメドが立っていながら、医師の国家資格を取ったの？」とか、逆に「なぜ、医学部を卒業したのに医師にならなかったの？」といった疑問を持たれることが多くあります。

私が医師の道を断ち、実業一本に絞らない理由。それはひとえに、私が臆病だからです。

「背水の陣」を敷いてうまくいくイメージが、どうしても湧きません。

先日私は、大学生でありながらすでに営業代行で十分な収入を得ている後輩から、「もう大学を辞めて、フリーランス一本でやっていこうと思うんですけど、どう思います？」と相談を受けました。

そのときも私は、「背水の陣」を敷かない選択を勧めました。

大学を辞めず、これまでどおりに「学生兼フリーランス」として働いて、卒業するよう勧めたのです。

大学を辞めた後で仕事がうまくいかなくなり、「あぁ、やっぱり大学を続けていればよかったなぁ」と後悔したところで、もう戻れません。

しかし、大学を続けながら「辞めたいなぁ……」と思い続ける分には、実害はゼロです。

迷ったときは、常に「巻き戻し可能」なほうを選択すれば、実生活のダメージを最小限にとどめることができるわけです。

進むべき目標を定めるにあたって、選択肢が多いのは、とてもありがたいことです。自らその選択肢をつぶす必要はありません。

「選択肢の削除と覚悟」は切り離して考える

自ら選択肢をつぶすことを「意気込み」や「覚悟」と同義ととらえる人もいますが、私はそうは考えません。

意気込みや覚悟が表れるのは、あくまでも努力の「質」と「量」においてです。自ら選択肢をつぶす行為は単に、「自ら選択肢をつぶした」以外の意味を持ちません。

さきほどの大学生も、「大学を辞めて起業しました。背水の陣です」と宣言すれば「おお、いい覚悟だ」と褒めてくれる人はいるでしょうが、いざというときに本当に頼りになるのは自分自身だけです。窮地に陥ったとき、かつて褒めてくれた人に「あのとき、『いい覚悟だ』と言ってくれたじゃないですか！」と言ったところで、助けてくれるとは限らないのです。

「選択肢の削除」と「意気込み」「覚悟」とは切り離して考えるべきです。

１３６ページの図は、巻き戻しできる選択を「した場合」と「しなかった場合」の、進んだ道が立ちゆかなくなったときのそれぞれのイメージです。

巻き戻しできる選択をした場合は、選んだ道がたとえ行き止まりだったとしてもやり直しが利きますが、巻き戻しできる選択をしなかった場合は、前にも進めないし元にも戻れないという、にっちもさっちもいかない状態になります。いわゆる「詰み」です。

この時点で、努力の継続は叶《かな》わなくなってしまいます。

もちろん、退路を断った段階で、将来的に「詰み」に陥らないように生きるのでしょうが、それでも「後戻りできない」というのは大変なプレッシャーです。「努力を積み重ねる方向を定める」という重要な意思決定に、少なからず影響を及ぼします。「退路がないから、こっちに進むしかない」という場面も必ず訪れます。

■ 巻き戻しできる選択を「した場合」と「しなかった場合」

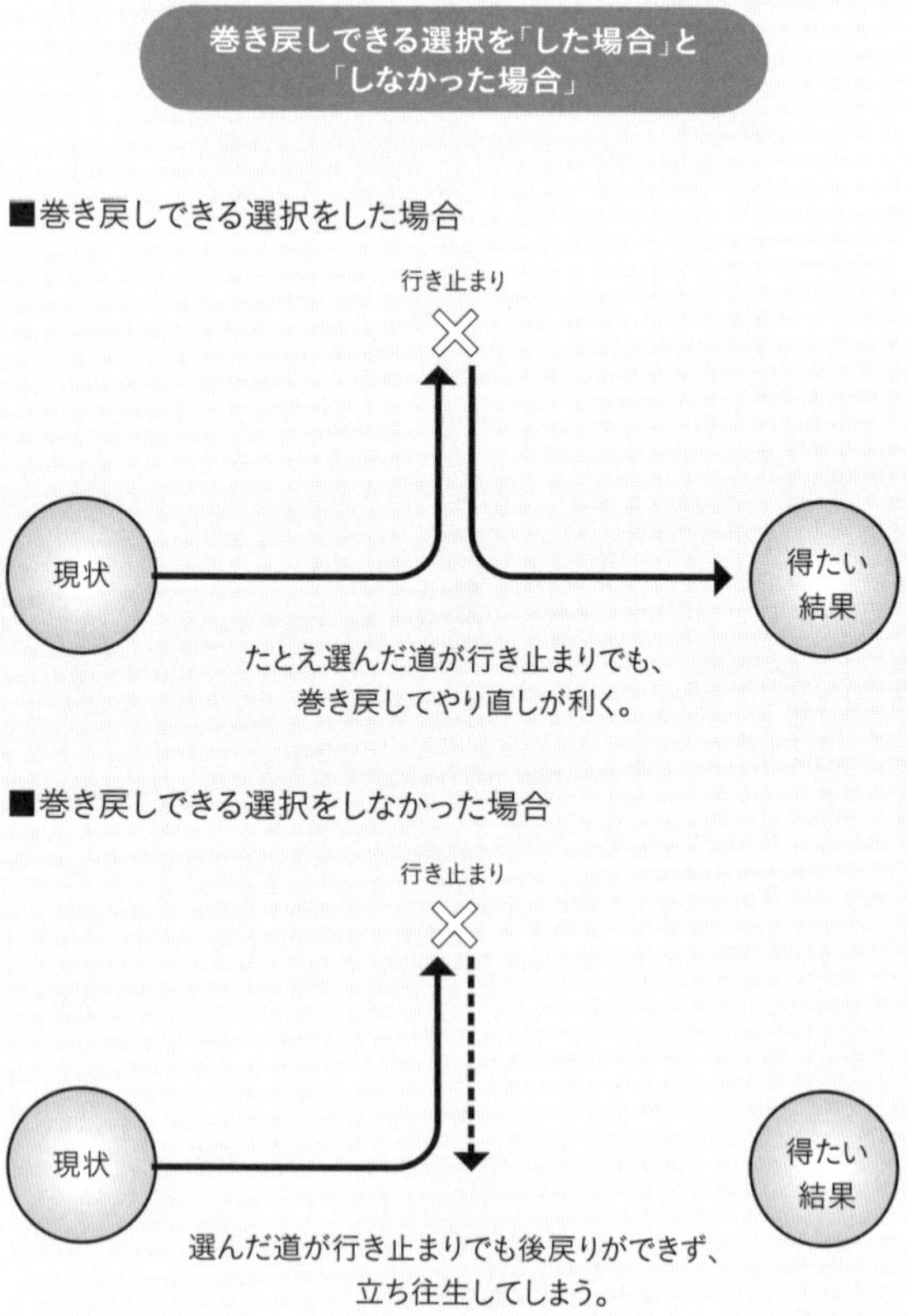

一度、重要な場面で自ら選択肢をつぶしてしまうと、その後も**「選びたい選択肢を選べない」場面がたくさん訪れる**のです。大きな損失です。

そのために私は、たとえ周りから「臆病者だ」「ずるい」「潔くない」と言われても、自分から選択肢をつぶすようなことはしないほうがいいと考えているのです。

予防線があるからこそ正しい努力ができる

また、私が「医師としての道も残しつつ、実業にも力を入れる」という選択をした背景には、第１章でお話しした、「子ども４人のうち、誰かひとりでも医師の道に進むことを、両親がおそらく望んでいたであろう」という、私の個人的な事情もあります。これも無視することはできません。

本章の最後で詳しくお話ししますが、私が動画編集で大きなお金を稼げるようになったのは、大学5年生のころです。

当時、私は両親に、「今やっているビジネスは、部活の代わりだから。医師の道へ進むのをやめたわけではないから」と話していました。

大学では軽音部に入っていましたが、正式に所属できるのは4年生まで。でも医学部は6年制ですから、5年生、6年生は自動的に、隠居生活を強いられることになります。

つまり5年生になると、部活をやっていた時間が、まるまる暇になってしまうのです。

せっかくの学生生活。いろいろなことにチャレンジできる時期なのに、ただただ隠居生活を送るのはもったいない。私は、ビジネスに打ち込むことにしました。

「この子は本当に、医師になるのか」と両親は不安げでしたが、私は毎月、両親に収支報告をしながら「絶対、医師にはなるから」となだめ続けていました。

もちろん、本心です。

しかし会社化し、サービスの展開を大きくしていく過程で、お客さまからの「喜びの声」が私のもとにも多く届くようになりました。

自分がつくったサービスが、人を幸せにしている。この嬉しさや充実感は相当なも

のです。そして、頑張ったら頑張った分だけ利益が出て、展開できるサービスがどんどん大きくなります。

私は次第に、「ビジネスの世界で勝負したい」と考えるようになりました。

ただ一方で、「ビジネスがこんなにもうまくいっているのは、『もしもダメだったら医師になればいい』という予防線があるからではないか」とも感じていました。

いくら成長市場とはいえ、一介の学生が立ち上げた会社が初年度から年間1億円の利益を出すことができるなんて、奇跡です。自分なりに努力を重ねてはきましたが、もしも「医師への道を断って、ビジネス一本で勝負だ」と考えていたら決して選べないような、遊び心たっぷりの選択肢もたくさん選んできました。

「予防線」のおかげで心にいくらかの余裕が生まれ、大胆な選択肢も選べたのだと私は考えています。

正しい方向に努力を重ねる上で、「退路」はとても大切なのです。

医学部に入るために3浪、4浪している人もたくさんいる中で、私は幸いにも、1

浪で入学することができました。そして同じく、医学部在学中に留年する人も決して少なくない中で、私はストレートの6年で卒業し、医師の国家資格も取得することができました。

そのおかげで、医学部卒業後に、いったんは医師の道から離れている私も、平均的な医学部生よりはまだ、年齢的アドバンテージがある状態ではあります。

この後、私が本気で医師になりたくなったり、世の中の変化で私のビジネスが立ちゆかなくなったりしたときには、まだ医師の道に戻ることができます。

これは私が、努力の「質」を高め、努力の「量」を増やした結果です。

もしもあなたが、複数の選択肢を選べる状況にあるのだとしたら、それも同じく、正しい努力をした結果なのだろうと私は思います。

わざわざ自ら、正しい努力をした結果得たごほうびを手放すことはありません。

日々、世の中は変わります。自身の考え方もどんどん成熟していきます。いずれ、最適な選択肢を選べる状況になるそのときまで決断を先延ばしにするのも、決して悪いことではありません。

継続する

欲望を叶えてこそ人生は幸福になる

サボりたいと思うのは悪いことではない

努力を続ける中で、さまざまな邪念が頭の中に思い浮かんでくることがあります。

「今日はサボりたいなぁ」
「もっと寝ていたいなぁ」
「すべてを忘れて、ディズニーランドに遊びにいきたいなぁ」

このような邪念は往々にして「努力を続ける上での敵」と考えられがちなのです

が、私はむしろ、「**努力の原動力になりうる**」と考えています。

「サボりたいときにサボれるように」
「寝たいときに好きなだけ寝られるように」
「現実を忘れたいときに、いつでもディズニーランドに行けるように」

このような生活を実現させようと思ったら、どうしても、今の生活や働き方を変える必要が出てきます。お金と時間に一定以上の余裕が常にある状態を手に入れなければなりません。

つまり、努力をして、人生を変える必要があるということです。

努力次第で、欲望のほとんどは叶えられます。

私が医学部を目指した「もうひとつの理由」

第1章で、私が医学部を目指した理由には「両親からの愛情がほしかったこと」「ただの浪人生じゃかっこ悪いから、『医学部を目指す浪人生』になろうと思い立ったこと」があり、理由はひとつには絞りきれないことをお伝えしました。

実は、私が医学部を目指したのには、ここにあげていない、もうひとつの明確な理由があります。

「将来、お金持ちになりたかったから」です。

とにかく年収1000万円を下回りたくないという思いを、高校生のときにはもう持っていました。

とくに「これだけ稼いだら何がしたい」という希望があったわけではありませんが、漠然と「お金に不自由しない生活」を送りたいと思っていたのです。

子どもが2〜3人いて、習い事をしたいと言ったら応えてあげられて、私立の学校に行きたいと言ったら通わせてあげられて、夏はエアコンをつけっぱなしでも電気代を気にせずにいられて……かわいいものかもしれませんが、それでも、自分が思い描く理想の家庭像を叶えるには、年収1000万円が必要だと考えていたのです。

高校生当時の私にとっては、お金持ちの基準は「年収1000万円」であり、医師になれば年収1000万円は稼げるだろうと思っていました。

しかし医学部に入って医師の現実を知ったり、また動画編集を始めて学外の社会人たちと接したりする中で、高校生当時の私は、2つの誤解をしていたことに気づきます。

・私が思い描く理想の家庭像は「年収2000万円の家庭像」であり、年収1000万円では到底足りないこと
・医師になっても、年収1000万円を超えてくるのは医学部卒業後5年以上経った後であり、しかも医師では年収2000万円を超えるのはなかなか難しいこと

この2つです。

もしかしたら、年収1000万円でも、節約を頑張れば、先にあげた「理想の家庭像」を実現することは可能かもしれません。でも私は、節約をしたくありませんでした。節約を強いられる時点でそもそも、「理想の家庭像」ではなくなるのです。

「医師になっても、年収1000万円を超えるのは30歳を超えてからかぁ……ちょっと、選択をしくじったかなぁ……」なんて考えながら、動画編集の仕事を努力し続けているうちに、事業が当たり始めました。

私が医学部を卒業し、医師の国家資格を取得しながら、今なおビジネスの世界で勝負し続けているのは、以上のような収入面の理由も大いにあります。

高校時代に思い描いていた理想の生活ができていて、理想の家庭像どおりの家庭を築くのも夢ではなくなっているのです。

「得たい結果」に向けてせっかくまっすぐ努力している最中でそれを捨てるのは、私の信念に反します。

欲望を叶えようとすれば発想が自由になる

ところで、この項の初めに、私は3つの「欲望」の例をあげました。

「今日はサボりたいなぁ」

「もっと寝ていたいなぁ」

「すべてを忘れて、ディズニーランドに遊びにいきたいなぁ」


実はこれらは、私が大学時代、実際に覚えた感情です。

しかし当時の私には、サボりたいときにサボる余裕も、寝たいときに寝る余裕も、ディズニーランドに行きたいときに行く余裕もありませんでした。

欲望を叶えるには、もっと頑張るしかない。お金を稼いで、自由を得るしかない。そう思いました。

学生時代に浮かんだ**「理想の家庭を築きたい」「もっとサボりたい」といった素朴な欲望は、知らず知らずのうちに、私にとっての「努力の原動力」となっていた**のです。

幸い、私が身を置いた動画編集業界は成長市場であり、頑張れば頑張るほどお金を得られる、わかりやすい業界ではありました。

もしも私が会社勤めで、「今の会社でどんなに頑張っても、得られるお金と時間はそんなに変わらない」という状況に置かれたら……私は、自分の欲望を叶える収入・時間を得られる会社に転職するか、自分の欲望を叶える収入・時間を得られる会社を自分で興すかするでしょう。

欲望は、「届かない夢」ではありません。叶えられるように生きればいいのです。今より稼ぎたいのなら、もっと稼げる会社に動けばいいし、今より休みたいのなら、有給を取りたいときに取れる会社に動けばいい。そもそも会社に所属しないという選択肢もある——**欲望を叶えようとすると、発想が自由になります。人生の選択肢が増えます。**

大人になるにつれ、欲望を感じ忘れることが多くなります。「あれがしたい、これがしたい」より、「あれをすべき、これをすべき」が先行するようになってきます。

その中でなおも欲望が浮かんでくるのなら、それは喜ばしいことです。大事にしない手はありません。

継続する

プライドを捨て、教わるべき人から教わる

人はみな教えたがり。教わることをためらうな

第3章でお話ししたように、もらったアドバイスをすぐに行動に移して「やりました！」と報告すると、相手に喜ばれて、「次はこうしたほうがいい」とさらなるアドバイスがもらえます。

教えてくれた人に恩義を感じ、アドバイスを実践して報告したり、お礼を言ったりするだけで、いつの間にか、相手のほうからいろいろと教えてくれるようになるのです。

このような先人たちが複数できると、感覚としてはもう、フィーバータイムに突入

したようなものです。学びの機会が自動的にどんどん訪れ、「学ぶ」→「行動する」→「継続する」のサイクルが同時に複数、回転するようになります。先人たちみんなが、自分の成長のために協力してくれているような感覚です。

私は、「**人はみな、教えたがり**」だと考えています。

私自身、医学部時代に同級生から「なんで青笹くんはいつも勉強していないように見えるのに、テストでそんなにいい点数を取れるの？」と聞かれたときも、ビジネスの世界で後輩から「うまくいくコツ」を聞かれたときも、すべてオープンに話しています。

人の役に立つのは嬉しいことですし、人にお礼を言われるのも嬉しいことだからです。

だから私は、教わる立場になったときにも、「この人からは学ぶべきものがある」と感じたときには、臆せずに誰からでも教えをもらうようにしています。

たとえ無視されてもあなたのリスクはゼロ

しかし世の中には、「あの人に『教えてください』と申し込んで、教えてくれなかったらどうしよう」「無視されたらどうしよう」と尻込みし、学ぶ機会を自ら捨ててしまう人がたくさんいます。

とてももったいないことです。

断られたり、無視されたりすることなんて、大したリスクではないからです。

左ページの図は、現状でまだつながりのない「SNSで見つけたすごい人」に教えを請おうとする場合のフローチャートです。

「学びの機会をください」とDMを送ります。まず「無視される／無視されない」の分岐が訪れます。

無視されたところで、今までの人生とまったく変わりません。リスクはゼロです。

■ SNSで見つけたすごい人に教えを請う場合

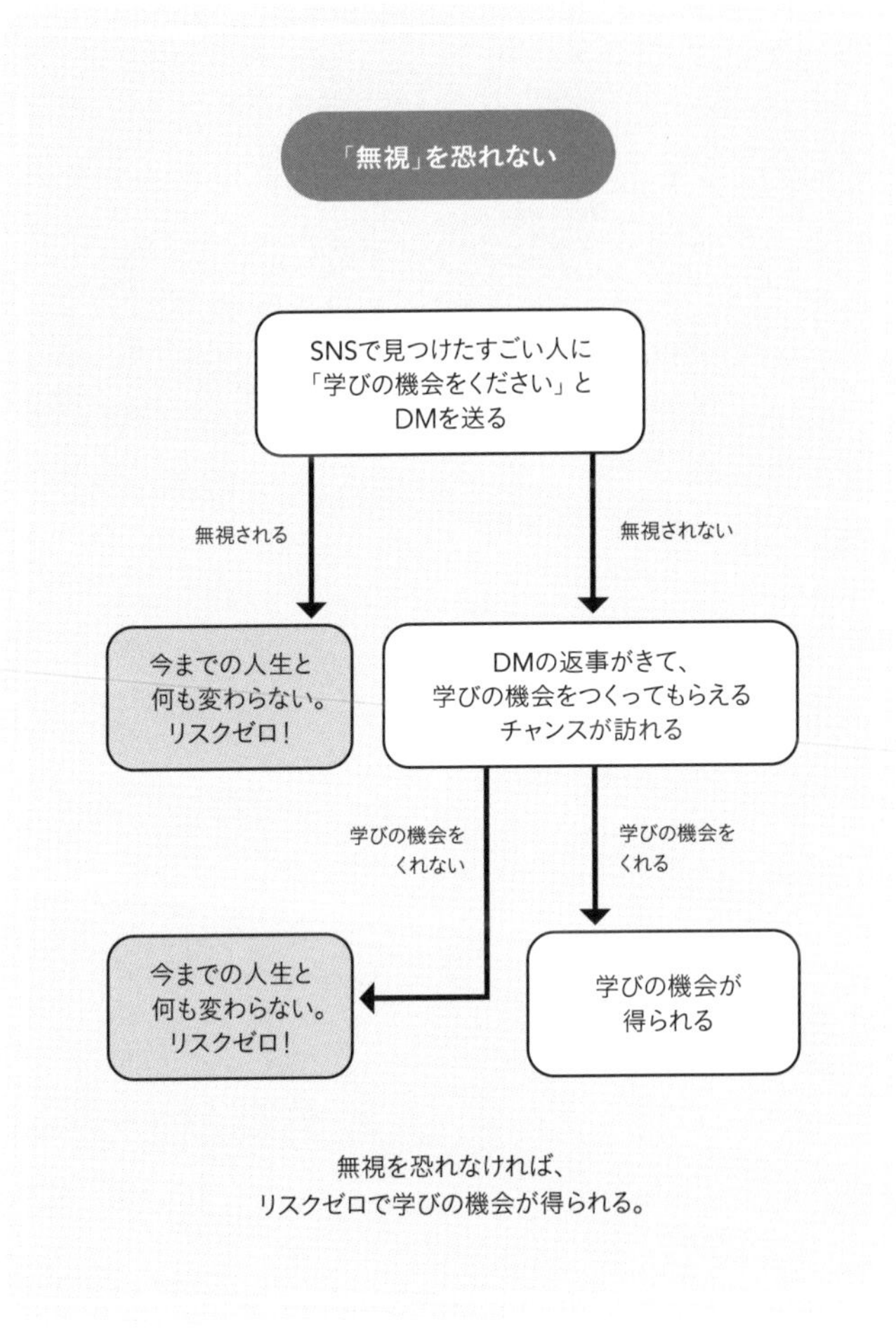
「無視」を恐れない
SNSで見つけたすごい人に
「学びの機会をください」と
DMを送る
無視される
無視されない
今までの人生と
何も変わらない。
リスクゼロ！
DMの返事がきて、
学びの機会をつくってもらえる
チャンスが訪れる
学びの機会を
くれない
学びの機会を
くれる
今までの人生と
何も変わらない。
リスクゼロ！
学びの機会が
得られる
無視を恐れなければ、
リスクゼロで学びの機会が得られる。

無視されなかった場合を考えます。

続いて、「学びの機会をくれる／くれない」の分岐が訪れます。

学びの機会をくれなかったところで、今までの人生とまったく変わりません。リスクはゼロです。

どこまでいってもリスクゼロで、現状で何のつながりもない「SNSで見つけたすごい人」から教えをもらえるチャンスがあるわけです。チャレンジしない手はありません。

これは現実世界ですでにつながりがある人に対しても同じです。よく「引かれたらどうしよう」と尻込みする人がいますが、ちょっと教えを請う程度で引かれるような関係ならば、この先いつかどこかで、自分の意図とは関係なく引かれるリスクがあります。差し引き、リスクゼロです。

ここまでにあげた一連の行動の中で最もリスクが高いのは、「**自ら学びの機会を捨**

てために、努力の質が下がること」です。

月並みな言い方になりますが、リスクを恐れて行動しないことが、いちばんのリスクなのです。

そしてもう一度言いますが、「人はみな、教えたがり」。意外とみんな、気軽に学びの機会をつくってくれるものです。

後輩に聞きたいときは「損得」で考える

相手のほうが年上だったり、業界歴や社歴が長かったりすると、学びをもらいにいくのにさほど抵抗は生まれないでしょう。

差が出るのは、「後輩に聞けるかどうか」です。

年上や先輩相手には甘え上手でも、後輩相手には甘えられないという人はたくさんいます。

さきほどの話とは違い、抵抗が生まれる気持ちは、少しはわかります。

それでも私は、相手が年上だろうが年下だろうがズケズケと聞きにいけてしまう性格なのですが、もしもプライドが邪魔して聞きづらい状況に陥っているのだとしたら、私だったら**「損得」で考える**だろうと想像します。

「恥ずかしさを乗り越えて、後輩に聞いちゃったほうが得か。それとも自分のプライドを優先し、聞かないほうが得か」を考えるのです。

言うまでもなく、**「恥ずかしさを乗り越えて、後輩に聞いちゃったほうが得」な場合がほぼ100%**です。「それはわかっているけど、聞くのに抵抗がある」がために、悩んでいるのですから。

ならばもう、「得を取るため」と割り切り、後輩に聞いてしまいましょう。**つまらないプライドを捨てると、人生はグッと楽になります**。

私の場合、たとえば後輩の経営者が広告をうまく活用したことで大きな結果を出していたら、「最近、広告で儲かってるらしいじゃーん。どうやったのか教えてよー」と、あえてギャグっぽく教えを請います。最初から「バカな先輩」「気持ち悪い先輩」

を演じるのも、ひとつの手です。後輩から「バカな先輩」「気持ち悪い先輩」と思われるくらいでうまくいく方法が手に入るのならば、安いものです。

極端な話、私は、「利益を年間５０００億円出す方法を知っている。おれの前で土下座をしたら、伝授してやる」と言う後輩が出てきたとしても、喜んで土下座をします。

なにも、その後輩と一生、友だち付き合いを続けていくわけではありません。そういう態度を示す人とは、「プライベートでは付き合わない」ときっぱり線を引きながら、でも「得られるものは土下座してでも得る」という距離感を築きます。

そして、相手の要求が得られるものに見合わなくなったときに、バッサリと関係を切ります。

ドライに「損得」で考えると、学びの機会が増え、学びを継続させやすくなるばかりか、人間関係での悩みも抱えにくくなるのです。

継続する

モチベーションが低下したときは要注意

「ダレたときにどうするか」を事前に考えておく

人間、どんなに好きなゲームでも、どんなに好きな料理でも、どんなに好きな仕事でも、続けていると必ず飽きがきます。

私自身もそうです。

目標まで角度0度の矢印を見つけた瞬間は「よし、この道を突き進むぞ」と盛り上がるのですが、その道を進む途中でなんとなくダレてきて、「つまらないなぁ」と感じることがあるのです。

ゲームの攻略法を知り、その直後は「よし、これでクリアできる」と意気込むのですが、その攻略法どおりにゲームを進めているとなんだか作業のように感じられてくるのと同じような感覚です。

こんなことを言っては叱られるかもしれませんが、私は一時期、ＹｏｕＴｕｂｅの撮影にダレていたことがあります。

最初のころは、わくわくしていたのですが、いつしか、淡々とこなすだけになってきている自分に気づきました。

ちょうど、「こうすれば、これだけの数字がついてくる」というように、努力の量と結果について、肌感覚がつかめてきた時期のことです。「あとは攻略を進めるだけ」の段になり、私はダレてしまったのでした。

そこで私は、**「ダレる部分」を人に任せる**ことにしました。

動画に出演すること自体は、いつでも楽しめています。私がダレるのは、単純作業の部分。動画の質を大きく左右するものではありませんが、単純作業とはいえ、その作業を進めないことには、動画は完成しません。

「自分はわくわくすることに力を集中し、単純作業は人に任せる」と書くと、なんだか仕事のおいしいところだけを持っていっているように感じるかもしれません。

しかし重要なのは、「**自分がわくわくしない仕事でも、そこにわくわくを感じる人もいる**」ということです。

結果的に動画は「わくわくしている状態」の人だけが携わるものとなり、自分ひとりでつくるより、かえって質は上がっていきました。

「自分はどのようなときにダレやすいのか」を見つめ、あらかじめその対策を考えておくことで、ダレたときに「すべてが嫌になる」という状態を防ぐことができます。

ダレていると感じたら落ちぶれ始めの黄色信号

ただ、自戒を込めて言いますが、ダレるのは「**油断している証拠**」ではあります。

「ダレても大丈夫だ」と潜在意識の中で思っているから、ダレるのです。

新入社員と、入社5年目の社員。ダレるのは間違いなく、後者です。

新入社員のモチベーションで働き続けたら、誰もがものすごい成長を遂げるはずなのですが、会社の中にそのような人がほとんど見当たらないのは、途中でダレて、そのまま努力をやめてしまう人がものすごく多いからなのです。

もしも自分が、仕事にダレていると感じたなら、それは「落ちぶれ始め」の黄色信号です。対策しなければ、信号は赤となり、本当に落ちぶれてしまいます。

私だったら「動画編集の仕事を始めたて」「起業したて」のころの、会社員の方だったら「入社したて」のころの臆病さを再び思い出すことが、「学ぶ」→「行動する」→「継続する」のサイクルを再び回し、人生の「落ちぶれ」を防ぐ秘訣だと、私は感じています。

継続する

逆境は「自分が成長できる」チャンス

決済凍結のピンチでも「よし、売上が増えるな」

やる気はなかなか、「出そう」と思っても出るものではありません。

しかし生きていると、誰であっても自動的に、とんでもないやる気が出る場面がやってきます。

それが、逆境です。

「ピンチはチャンス」とは、よくいったものです。逆境は、火事場の馬鹿力を呼び起こし、自分を大きく成長させるチャンスなのです。

かつて、私が運営するサービスの決済が凍結されたことがあります。

そのサービスは、年間で2億円の売上をもたらしてくれています。この決済が凍結されたとなると、一般的には、どう考えても逆境です。

しかし私は、決済が凍結されたという一報を聞いて、「よし、また売上が増えるな」と思いました。

決済が凍結されたとなると、私が真剣に、本気を出して働くことになるからです。

毎日、余裕綽々《しゃくしゃく》で働いてきましたが、会社としては十分な結果が出ていました。その中で久々に訪れた、本気で働かなければいけない事態。腕が鳴りました。

そして現実に、翌日の売上は、いつもの1・4倍を記録しました。そのサービスによる売上はゼロだったにもかかわらず、です。

私は本来、緊急事態に陥らないと何もしない性格なのかもしれません。だからこそ逆境は、自分を成長させるチャンスです。いつでも大歓迎です。

継続する

自己評価も「数値化」する

「メタ認知」で自分を客観的に見る

努力を重ね、結果が出始めたとき、人は誰しも、少なからず調子に乗るものです。「自分ってすごい」「もしかしたら自分は天才なのではないか」と浮かれる気持ちはわかりますが、そこで「自分は天才だ」と勘違いしてしまうと、結果は驚くほどに落ち始めます。

私がかつて、浪人生として一念発起して勉強を始めてから3カ月で成績が急上昇したにもかかわらず、そこで調子に乗ってゲームにハマったがために成績が急下降したのは、第1章でお話ししたとおりです。

しかし私は、その経験から学び、「決して調子に乗らない心の保ち方」を会得しました。

それが、**「メタ認知」で自己評価を数値化すること**です。

メタ認知とは、「自分」という存在を、まるでゲームの中の登場人物を見るかのように俯瞰《ふかん》した視点で見る「もうひとりの自分」をつくることです。

たとえば、私がロールプレイングゲームをプレイして、主人公である勇者に「あお」と名前をつけたとしましょう。

勇者「あお」は体力、攻撃力、防御力といったありとあらゆる情報が数値化され、私（現実の青笹寛史）はそれを認識することができます。

この、現実の私が勇者「あお」を見るような視点が、メタ認知です。

もちろん現実の私の体力、攻撃力、防御力を正確に数値化するのは不可能です。でも、たとえざっくりとでも、**自分のスペックを数値化してみることで、うまくいったときも、うまくいかないときも、常に平常心を保つことができます**。

そのときの感情に流されずに努力を継続できる

私は、自分自身の成功率を40％くらいだと認識しています。

逆にいえば、「**60％くらいうまくいかないことがあって、ちょうどいい**」くらいに考えているのです。

うまくいったときは、周りからチヤホヤされます。うまくいかないことが続いたときは、周りから「あいつ大丈夫か？」と陰口を叩かれます。

「周りからの評判」を基準に自分の評価を考えていると、その無責任なアップダウンに振り回されることになります。

あなたの人生に何の責任も持ってくれない周りの人に、自分の評価を託すのは、とても危険なことなのです。

自分の評価は、「メタ認知」を活用して、自分で定めましょう。

私も、「自分の成功率は40％くらい」と認識していますから、うまくいったことが続いているときに周りからチヤホヤされても、「今はたまたま、成功率が上振れしているだけ。いずれ成功率40％に収束する」と自分を律し、浮き足立たずにすみます。

一方で、うまくいかないことが続いたときに周りから陰口を叩かれても、「自分の成功率は40％ほどなのだから、だいたいこんなもん」と、自分を崩さずにすみます。

浮かれて努力をやめることも、やさぐれて努力を投げ出すこともなくなりますから、どちらにしても、努力を継続しやすくなります。

自分にも他人にも、過度な期待はしない

また、この考え方は、他者を見るときにも役立ちます。

かつては、たとえばフリーランスの動画編集者に仕事をお願いし、上がってきた動画のクオリティが低かったときには「あれだけのお金を払ったのに、この程度か⁉」

とイライラすることもありましたが、今では他者に対して、あまりイライラしなくなりました。

他者の成功率もなんとなく数値化し、「だいたいこんなもんだよね」という心の準備ができるようになったからです。

ざっくりとでも、自己評価と他者評価が数値化できるようになると、自分にも他人にも、過度の期待をしなくなります。

メタ認知を活用すれば、心を惑わされることは極端に少なくなります。努力の矢印を淡々と、粛々となぞりながら前進することができるようになるのです。

継続する

「人のせい」にした瞬間に成長は止まる

努力が続かないのはあくまで「自分のせい」

前項で、「メタ認知を活用して自己評価を数値化すれば、他人からの評価に一喜一憂しなくなる」という話をしました。

実は、「他者評価に一喜一憂しがちな人」には、ある共通点があります。

自分が努力を継続できない原因を、自分以外の他者のせいにする傾向があるのです。

「親がお金持ちじゃなかったから」

「上司がちゃんと指導してくれないから」

「会社がブラックだから」
「政治家がよくないから」
「時代がよくないから」

いずれも、私が実際に耳にした「努力を継続できない原因」の例です。「親がお金持ちじゃなかったから」くらいならばまだ話はわかりますが、「時代がよくないから」についてはもう、話が大きくなりすぎてつかめません。

いったん「自分以外のせい」にし始めると、話はどんどん広がり、最終的には自分でも、なんで努力が続かないのかよくわからない状況に陥るのです。

周りに期待しすぎるから、応えてくれなかったときにガッカリする。私はそう考えます。

周りに期待しすぎるのはやめましょう。「すべては自分で考え、判断する」という覚悟を持つと、いつの間にか努力は、自然に継続するようになります。

継続する

嫉妬するからこそ、努力も成長もある

たとえ孫正義のような「格上」でも嫉妬する

私は結構、嫉妬深いほうです。

他人の成功に対しては、誰彼となく嫉妬します。同業者で自分より大きな利益を出している人はもちろん、他業種で活躍している人に対しても、自分より大きな利益を出している人には多かれ少なかれ嫉妬します。

これを言うとよく笑われるのですが、私は孫正義《そんまさよし》さんにも嫉妬しています。「なんで自分よりも成功しているんだ。自分はうまくできない部分が、なぜ孫さんはうまくできるんだ」と、本気で思います。

言えば言うほどバカらしいと思われるかもしれませんが、それでも私は、自分が抱える「嫉妬」という感情を、さほどネガティブにはとらえていません。

嫉妬もやはり、努力を継続する上でとても大事な感情だと考えているからです。

「自分はこんなもんじゃない」「あいつができていることは、自分にもできるはずだ」と考えるから、人は努力します。そしてその先には必ず、成長があります。

私が起業したきっかけのひとつに、「迫佑樹《さこゆうき》さんが自分と同い年だと知った」ことがあります。

次項にも記しますが、迫さんは、私が動画編集の仕事で稼げるようになるきっかけをつくってくれた恩人です。

しかし迫さんが自分と同い年だと知ると、私の中に嫉妬の感情がムクムクと湧き起こってきました。

「なんで迫さんが何億円も稼いでいるのに、同い年のおれはただの田舎の大学生で、月収5万円なんだ！」

私は、迫さんと同じ土俵に上がることを決めました。

「自分は自分、他人は他人」という考え方もあるでしょう。しかし、現に同じ世界に生きているのです。それなのに、うまくいっている人とうまくいっていない人がいるのはおかしいでしょう。

「すべての人間は、同じ世界に生きている。『違う世界の住人』なんてあり得ない」と考えるところから、「学ぶ」→「行動する」→「継続する」という努力のサイクルは回り始めます。

嫉妬を声に出せばチャンスは回ってくる

私は、嫉妬を抱いたときには、その感情を隠さずに表明するようにしています。

意外にも、**それがプラスに働くことが多くあります**。

私が出演しているYouTube「令和の虎」に一緒に出演している桑田龍征《りゅうせい》さんと林尚弘《なおひろ》さんが、YouTuberのヒカルさんとコラボして、その動画が大きくバズったことがありました。

桑田さんも林さんも、私より10歳以上年上の経営者です。そのため、私と同年代の経営者たちはみんな「桑田さんと林さん、すごいな」という感想を抱いたようでした。

しかし私は、ひどく嫉妬しました。

「いいなー。うらやましいなー。なんでコラボ相手がおれじゃないんだ。おれもやりたいのに」

この感情を、余すところなく、桑田さん、林さん、ヒカルさんに向けて直接表明しました。

すると驚くことに、次のコラボ相手が私に決定したのです。

私は素直に「やったー」と思いました。

もしかしたら、「自分もいつかコラボできるように頑張ろう」と思うのが、10歳以上年下の経営者としての本来の姿なのかもしれません。

でもそれは同時に、「今現在の勝負を避けている」ということでもあります。

いつまでも土俵があるとは限りません。**今、土俵が用意されているのなら、同じ土俵に今、上がるべき**です。

他人の成功に嫉妬できなくなったら人生終わりだと、私は考えています。嫉妬を押し殺すことなく、素直に感じ取り、声高らかに表明しましょう。

絶対にチャンスが舞い込んできます。

「単価1000円の動画編集」から「年間3億円の利益」まで

「動画編集」という仕事に出合うまで

いよいよ本書も最終項目となりました。

ここでは本書のまとめとして、単価1000円の動画編集に1カ月かかっていた私が、動画編集を軸とした事業で年間3億円の利益を出すまでに至った軌跡を、「学ぶ」→「行動する」→「継続する」のサイクルになぞらえて振り返っていきます。

まずは、動画編集に出合うまでのお話です。

大学入学後、私はしばらく、大半の大学生と同じく、アルバイト情報誌で探した

「よくあるバイト」をしていました。

焼肉店、パチンコ店員、スーパーの品出しといった、本当に「よくあるバイト」です。島根ですから、時給は800円ほどと、首都圏よりは安いものでした（パチンコ店員のアルバイトは時給1400円ほどと、ほかよりも高かったのですが）。

しかし大学生活を送る中で、「進級するためのテスト勉強は、実は『過去問』に力を入れて勉強しながら、個別に先生に勉強の仕方を聞くだけでよく、授業はそんなに重要ではない」ことに気づきます。

でも、授業に出席しなければ、出席点はもらえず、テストがどんなにできても進級することはできません。私は仕方なく、「意味のない授業」に出席し続けました。

すると、授業中がとてつもなく暇になってきます。

学校以外の時間は目一杯遊びたいのに、アルバイトに時間をとられ、つまらない授業中はすごく暇……なんとも理不尽だなと感じました。

そこで私は、授業中にできるアルバイトを探すことにしました。

幸い授業は、パソコン持ち込み可のものが多くありました。パソコンでできるアルバイトならば、先生にバレずに行うことができます。

当時は「プログラミングで稼げる」という話がネットにあふれていて、私もネットの情報をもとにプログラミングを勉強してみました。

しかしいかんせん、難しい。独学で、仕事にするほどのプログラミング知識と技術を身につけるのは、私には無理でした。

文章を書くのは好きだったので、クラウドソーシングサービスでライターの仕事を探してみたりもしましたが、いずれも単価が安く、魅力を感じませんでした。

そんな中、何かのネット記事で引っ掛かったのが「動画編集」という仕事でした。

動画編集自体は、学祭で使う動画をつくる際に携わったことがありましたが、それを仕事にして稼ぐという発想はありませんでした。

ところが、クラウドソーシングサイトで「動画編集」と検索してみると、**仕事の量も単価も、ライターとは比べものにならないほどに大きい**。

私は仕事として、動画編集を始めることにしました。

利益「月1000円→月100万円」時代

動画編集についても、最初は独学でした。だから、努力の質は低かったのが本当のところです。

有料noteで300円ほどの情報を買いあさり、勉強して、クラウドソーシングサービスでやみくもに、取れそうな仕事を取りました。

それが「はじめに」でお話しした、単価1000円の仕事です。

そしてやはり「はじめに」でお話ししたように、私は単価1000円の仕事に時間がかかりすぎた上、需要とはかけ離れた動画を納品していました。

このままでは、動画編集で稼ぐどころの話ではない。危機感を覚えた私は、迫佑樹さんが発信している動画編集のオンライン講座を購入することにしました。

島根という土地柄ですから、リアルで対面しての動画編集学校など、望むべくもありません。私はオンラインに助けられました。

動画編集のオンライン講座を受けたことで、私は、**「お客さまの求める動画編集とは何なのか」**を学びました。ようやく、努力の質が少しだけ上がったのです。

当時は動画編集市場が盛り上がりを見せ始めていた時期であり、仕事量に人材が追いついていない状況が続いていました。有り体に言えば「最低限、必要なレベルにも達していない動画編集者」が多くいたということです。

言うまでもなく、人よりも時間がかかりながら、需要とはかけ離れた動画をつくっていた私も、そのひとりでした。

だからこそ、オンライン講座を受けて**「お客さまの求める動画編集とは何なのか」を学んだインパクトは大きく、実践することで仕事は飛躍的に増えていきました。**

私は瞬く間に、１００万円を稼げるほどに仕事を取れるようになりました。

利益「月１００万円→月２００万円」時代

ただ、「月に100万円を稼げるほどの仕事量」とは、並大抵のものではありません。ほどなく私は、自分ひとりでは仕事を抱えきれなくなります。

でも、どんどん仕事がきている状況を崩したくはありません。一度断ったら、もう二度と仕事を頼んではもらえないのではないかという恐怖もあります。

そこで、周りの動画編集者はどうしているのかを聞いてみることにしました。するとある方が、「**組織をつくって回している**」と教えてくれました。

私も、組織をつくることにしました。

「組織」といっても、医学部の友だち連合のようなものです。

「仕事取っちゃったんだけど、手が回らないからやってくれない？」と率直に頼み、アルバイト代を支払いつつ動画編集を教えながら、仕事を回していきました。

何といっても、みんな医学部。飲み込みは早いし、アウトプットも優秀です。次第により多くの仕事を引き受けられるようになり、月間の利益は200万円になりました。

ひとりで必死に回していたころと比べると、利益は倍増しましたが、私の負担はむしろ、軽くなっていきました。

利益「月200万円↓月500万円」時代

しかし、医学部の友だち連合にも限界があります。

テスト前になったら、みんなは動画編集のアルバイトより、テスト勉強を優先します。すると、仕事の負荷が私ひとりにドンと乗ってくる状況になります。

引き受ける仕事を増やした後だけに、その負荷は、ひとりで仕事をしていたころとは桁違いです。

そこで私は、Ｔｗｉｔｔｅｒ（現・Ｘ）で新たな動画編集者を探すことにしました。

人手は確保できましたが、集まった人たちは見事に、「動画編集者として最低限、必要なレベルにも達していない」人ばかりでした。

そもそも納期を守らない。渡した指示を盛り込まない。メールやＬＩＮＥのレスポンスが悪い……。はっきり言って動画編集以前の問題です。さすがに、かつての私もここまではひどくなかったぞと言いたくなります。

それで動画編集のクオリティが高ければまだ許せもするのですが、上がってきた動画を見ると、ほとんど素人レベルです。さすがに我慢にも限界があります。

「フリーランスの動画編集者にお金を渡し、仕事をお願いしているはずなのに、なぜこちらが、動画編集以前の『社会人として』のところから、いろいろと教えなければならないのか。そっちがお金を払うのが筋だろう」

このような鬱屈《うっくつ》した思いを抱えながら、ほかの人はこの問題にどう対応しているのかを探っていくと、迫佑樹さんが「プログラマーとして仕事を受けながら、プログラミングスクールをつくって儲かっている」と知ります。

「これだ！」と思いました。

私は**オンラインの「動画編集スクール」をつくり、動画編集の基本と社会人としての基本を教えながら、自分が受注した動画編集の仕事を受講生に回す**ようにしました。

私のノウハウを吸収してくれる受講生が増えることで、みんなレベルアップし、かっての「医学部の友だち連合」のような質が保てるようになりました。

そして受講生も、動画編集の仕事も、みるみる増えていきます。

私は月間の利益を500万円にまで伸ばすことができました。

利益「月500万円→月1500万円」時代

さらに儲かっている人は、何をやっているんだろう。

素朴な疑問から、いろいろな人の話を聞いてみると、儲かっている人は**「商品を豊富に持っている」**ということを学びます。

ひとりのお客さまからたくさんお金をもらえるよう、その受け皿を持っているというのです。

私も実行してみることにしました。

オンラインの「動画編集スクール」によって、自分と同じようなスキルを持つ動画編集者を多く養成することができました。そのおかげで私は、動画編集の実務は彼らに任せ、より大局で仕事を見るディレクターに専念できるようになりました。

しかし仕事は、ひっきりなしにやってきます。やがて、自分が担っているディレクター業も、自分ひとりだけでは足りなくなっていきました。

そこで私は、**動画編集者だけではなく、ディレクターを養成するコースもつくる**ことにしました。

商品を増やしたのです。

やがてディレクターは増え、私はマーケターに回るようになりましたが、今度はマーケターが人材不足に陥ります。今度は、**マーケターを養成するコースをつくりました。**

このようにして、私が抱える動画編集集団はどんどん大きくなっていきました。

すると利益は1000万円に伸びました。

さて、この先はどうすればいいのか。探っていくと、「**商品の単価が高い人のほうが儲かっている**」ことを学びます。

私は値上げを実行しました。月間の利益はさらに500万円増え、1500万円となりました。

利益「月1500万円↓月2500万円」時代

さて、ここでまた、私の「凡人気質」「怠け者気質」が顔を出します。

思えば浪人時代、努力の濃度を上げて、勉強開始からわずか3カ月で首都圏の国立大医学部を射程圏に入れられるところまで上り詰めたのに、NintendoSwitchのゲーム「スプラトゥーン2」にハマって成績を急下降させてしまったのが私でした。

1500万円まで達した私は、「もう誰からも学ぶ必要はない。自力で上れるところまで上り詰める」と、天狗《てんぐ》になります。

案の定、利益は停滞しました。

生活するのに十分なお金はありますし、仕事もどんどん入ってきていましたから、最初のうちはさほどの危機感はありませんでした。

しかし、利益が停滞する状況が数カ月続くと、さすがに引っかかりが生まれてきます。

そこで私は、自分より大きな利益を出しているある方のもとに学びにいくことにしました。

この顚末は、第3章の中でも記したとおりです。

「**事業のフランチャイズ化**」という視点を学んだ私はすぐに実行に移し、月間の利益は一気に2500万円まで伸びました。

年間の利益は、3億円ほどです。

上には上がいます。

私のように、途中で天狗になって、学びを止めてはいけません。

常に「学ぶ」に立ち返ることにより、自分のステージも上がっていきます。「学ぶ」↓「行動する」↓「継続する」のサイクルを回し続けることで、自分の力を青天井で高めることができ、今は雲の上にいる人にも、いつか近づけるようになるのです。

「資本主義」というゲームをハックする。これが私の夢です。

この夢には終わりがありません。「営業利益2億円を達成する」というゲームをクリアしたら、すぐに「営業利益3億円を達成する」というゲームがスタートします。それをクリアしたら今度は「営業利益4億円を達成する」というゲームが始まります。「終わりがない」ということは、「限界がない」ということでもあります。

私よりも先を歩んでいる人は多くいます。彼らに学びながら、少しずつ自分を高めていくことで、どんどん新しいゲームに挑戦できるようになります。

もしかしたら、前項でお話しした「孫正義さんに嫉妬している」なんていう話も、笑い話で終わらず、いつか本当に、直接お会いしてお話しできる機会が訪れるかもしれません。

「学び」を自ら止めない限り、人生に限界はありません。
努力は人生に、無限の可能性をもたらしてくれるのです。

おわりに

人生は「結果オーライ」になるようにできている

人生に「失敗」なんてない

「人生に失敗はない」が私の持論です。

第3章で私は、「学ぶ」とは、意思決定の正答率を高めていくことだという話をしました（99ページ参照）。

全問正解など、初めからあり得ないのが人生です。

たとえば、「サイコロを何回振ってもいいから、とにかく2を出しなさい」というゲームがあったとします。

とりあえず振ってみたら、1が出ました。次に振ってみたら、5が出ました。3回目に振ってみたら、2が出ました。

「やったぁ。ゲームはクリアだ」と喜んだとき、1回目の1や2回目の5を、失敗とは思わないでしょう。

人生とはこのようなものだと、私は考えています。

何回チャレンジしてもいいゲームに、失敗はないのです。

「理不尽」に感謝する

自分が4人兄弟でただひとりの凡人だと悟ったとき、私はひどくやさぐれました。こんなに理不尽なことはあるかと、自分の運命を呪いました。

ただ、今では、「それはそれでよかった。結果オーライだ」と思えます。

もしも凡人でなかったら、「努力の濃度を意識しながら、努力の量を増やす」という考え方で受験勉強することはなかったでしょう。それどころか、そもそも医学部を目指すこともなく、大学の進級テストをきっかけに「努力の質を高める」という考え方に至ることもなかったでしょう。

受験勉強と、大学の進級テストの経験がなければ、「努力の数値化」という発想が生まれることはありませんでした。もちろん、本書を上梓する機会にも恵まれなかったでしょう。

そう考えると、すべてが「結果オーライ」であり、すべての挫折が、今の人生への布石のように思えてきます。

そう。人生はきっと「結果オーライ」になるようにできているのです。

ただし、すべての苦境や不遇を「いい結果」に着地させるためには、正しい努力が必要なことを忘れてはいけません。

もしも私が、浪人時代に努力を積み重ねず、医学部に入学していなかったらと考えると、恐ろしいものがあります。

高校3年生までの自分そのままに、自堕落な生活を続けていたとしたら……いやいや、考えたくもありません。

凡人の私でも、ここまでくることができたのです。

浪人生として一念発起してから、まだ10年も経っていません。

正しい努力を積み重ねれば、みなさんもきっと、素晴らしい人生を手に入れることができます。

本書を読んでくださったみなさんの人生が「ほどほどの結果」ではなく、「いい結果」に着地することを願って、筆を置くことにします。

最後までお読みくださり、ありがとうございました。

青笹寛史

2024年1月

読者限定プレゼント！

より実践的に学べるコンテンツをご用意しました。
下記の二次元コードから
LINEの『努力の数値化』書籍専用アカウントを
友達に追加するとご利用いただけます。

■PC・スマートフォン対象（一部の機種ではご利用いただけない場合があります）。■パケット通信料を含む通信費用はお客様のご負担になります。■第三者やSNSなどネット上での公開・配布は固くお断りいたします。■システム等のやむを得ない事情により予告なく公開を中断・終了する場合があります。■LINEの使用方法は、LINE内のヘルプをご参照ください。■本企画は著者が管理・運営するものとなります。株式会社KADOKAWAではお問い合わせ等をお受けしていません。

※2024年2月現在の情報です。

青笹寛史（あおささ·ひろふみ）

アズール株式会社代表取締役。2016年、島根大学医学部医学科入学。在学中に起業して動画マーケティングコンサル業務を開始。医師国家試験に合格するも卒業後は医師にならず、動画編集者教育の分野へ。全国で動画編集者を育てる「動画編集CAMP」を主催し、これまでに延べ5000人を超える動画編集者を指導する。YouTube「令和の虎」にも出演。

ブックデザイン	山之口正和＋齋藤友貴（OKIKATA）
編集協力	前田浩弥
図版	曽根田栄夫（ソネタフィニッシュワーク）
DTP	思机舎
校正	山崎春江
編集	金子拓也

凡人《ぼんじん》でも「稼《かせ》ぐ力《ちから》」を最大《さいだい》化《か》できる

努《ど》力《りょく》の数《すう》値《ち》化《か》

2024年2月28日　初版発行

著者／青《あお》笹《ささ》寛《ひろ》史《ふみ》

発行者／山下 直久

発行／株式会社KADOKAWA

〒102-8177　東京都千代田区富士見2-13-3

電話 0570-002-301（ナビダイヤル）

印刷所／大日本印刷株式会社

製本所／大日本印刷株式会社

ISBN 978-4-04-606644-2　C0030